実践ワークブック
新しい認知行動療法
健康に生きるための18の秘訣

Make Health Happen　Training Yourself to Create Wellness
Erik Peper, Katherine H. Gibney, Catherine F. Holt

日本語版監修 アイ・プロジェクト 統合医療研究所所長 **竹林直紀**　訳・改編 ヒューマン・センター代表 **六浦裕美**

金芳堂

推薦のことば

　エリック・ペパー先生に会われた方は、みなさんそのチャーミングな笑顔に惹きつけられます。なんでも受け入れてくれそうな大きなこころと長い腕で包んでくれる先生に、私も何度となく苦しいときを助けていただきました。

　怒りがおさまらないために胃痛がひどくなったとき、先生が私の上腹部にそっと手をあて、その後気を流すように手を動かすと、私の呼吸がゆっくりと感じられ、いつしか私の身体の力が抜け、怒りでかたくなった私のこころが溶けていくような不思議な気分を味わいました。

　ただいつも先生がそばにいてくださるわけではありません。また同じようなストレスに遭遇したときにうまく対処できるようにするためには、自らの力でこころと身体を癒す経験をする必要があります。その実践方法を先生が分かりやすく、そして論理的に解説してくれているのがこのテキストです。

　リラクセーションはただ心身を安静にすることと思っている人には、驚きの内容かもしれません。普段何気なくしている呼吸や顔の表情、姿勢などを変えてみたり、意識して発する言葉を変えてみたり、あるいは意識を不安から解放するために身体を動かしてみたりと「静」だけではなく「動」によってもリラクセーション状態をつくるというこの画期的な方法は、ただ落ち着くだけでなく「今を生きる意欲」がわいてくる素晴らしい内容です。ここに書かれた手順で一度やってみると「ああ、リラックスというのはこういうことか」と身体の軽さと同時に新しい自分になったような新鮮な気持ちがわきあがっていることを感じることでしょう。

　私の専門としているアロマセラピーは、施術後に深いリラクセーション効果が得られることはいくつもの研究で明らかにされています。施術を定期的に続けることによって、徐々に心身の安定を図ることになりますが、エリック・ペパー先生のセルフケアの実践を組み合わせるとさらにアロマセラピーのリラクセーション感覚は維持されると考えます。

　この本は、アロマセラピストやリフレソロジストなどの施術者、患者の自己治癒力の向上をめざす看護師や保健師、機能回復を専門とする理学療法士や作業療法士、鍼灸師や柔道整復師や指圧あんまマッサージ師など医療にかかわる多くの皆さんにとっても、それぞれの方法と組み合わせることで、より効果的なケアの提供が可能になるでしょう。また、米国では大学の健康教育テキストとして使われていたことから、医療関連の学校・大学や各種セラピスト養成学校のほか、一般大学や企業でのストレスマネージメント教育のためのワークブックとしても最適です。

　2010年9月

ホリスティックケアプロフェッショナルスクール学院長
関西医科大学心療内科学講座研究員
相　原　由　花

日本語版監修にあたって

　このたび、サンフランシスコ州立大学健康教育学部教授エリック・ペパー博士の著書、"Make Health Happen; Training Yourself to Create Wellness"の日本語版が、ヒューマンセンター代表の六浦裕美先生の翻訳により出版されることとなりました。このワークブック形式の原著テキストは、ペパー先生が大学の講義でつかっていた"Creating Wholeness; Self-Healing Workbook Using Dynamic Relaxation, Images, and Thoughts"（1993年初版）の改訂版とし、タイトルを変更して出版されたものです。今回の日本語版は、関西医科大学心療内科学講座の同門でもある六浦先生が翻訳して2009年3月に自費製本された、「もっともっと健やかにいきいきと生きるためのワークブック」という題名の翻訳本が元となっております。

　私とこのテキストとの最初の出会いは、1998年から2年間ペパー先生のもとでバイオフィードバックとホリスティック医学の勉強をしていたときのことでした。当時、ペパー先生が担当されていたホリスティックヘルス講座のなかの、「西洋的考え方（Western Perspective）」というコースの指定テキストであったこの本は、学生が自らのセルフケア体験を通じて、全人的全体的なホリスティックヘルスについて認知行動療法を応用しながら学んでいく、行動医学的教育の実践ワークブックとして使われていました。実際の講義では、さまざまなリラクセーション法や認知の変え方について、自分自身の日常生活を題材にしながら毎回出される課題を実践するという形で学んでいきます。ストレスマネージメントを初めとした日々のセルフケアを実際に行っていくことで、学生自身の精神的な症状だけでなく身体的な症状までもがドラマティックに改善していく様子を目の当たりにし、これはまさに日本の心身医学と同じ世界だと確信いたしました。日本では心身医学は医療の枠組みのなかで医師が中心となり行われていますが、米国ではペパー先生のような臨床心理士の先生方が中心となり、行動医学的手法を用いながら心身両面の健康状態を改善していくのです。英語ではMind-Body Medicineと表現されるこのアプローチは、解剖生理学などの医学的知識を持ち合わせた臨床心理士が、バイオフィードバックといった最新のテクノロジーも用いながら行っていくという点で、日本の心身医学や心理臨床の世界と大きく異なっています。人をこころと身体に分けて発展してきた近代西洋医学においては、心理的アプローチは精神症状や疾患に対してのみ用いられます。一方、こころと身体を分けずに全体的観点から人の健康を考えていくホリスティック医学においては、心身医学と同様にこころと身体の関連性「心身相関」を前提として、さまざまな心理的アプローチを身体的症状や病状に対して行ったり、ヨーガやボディーワークのような身

体的アプローチを精神的症状や病状に対して行ったりします。

　この実践テキストには、18の練習課題が紹介されています。これらはすべて、応用精神生理学と最新の脳科学にもとづいた理論を元に作られています。人間の思考や行動や生理機能は、脳という臓器を中心とした神経系・内分泌系・免疫系といったホメオスターシス（恒常性）を維持するためのシステムにより管理されています。その基本的な目的は、生きていくために必要な、その瞬間の環境に適応した生理反応や行動を取るということになります。五感を通じて脳というコンピュータに入力された外部情報により脳の神経細胞は絶えず変化し続けています。いわゆる神経可塑性（neuroplasticity）という性質により、人のこころと身体はその瞬間瞬間の外部環境の出来事に適応していくことができるのです。この可塑性を利用した方法として、行動療法や認知行動療法といった心理療法や、リハビリテーションにおける理学療法などがあります。脳の神経ネットワークのプログラムを書き換えるためには、これまでとは異なった情報を五感を通じて入力し続ける必要があります。漸進的筋弛緩法や呼吸法は、骨格筋という随意筋を利用して脳にリラクセーション反応が起こっている状態を学習させます。手の温度も自律神経系を介して心身のストレス反応として確認する手立てとなります。また、言葉やイメージを利用して脳の神経ネットワークを直接変えることも可能となるのです。その他にも、香りや音楽やマッサージや食事といった五感を刺激する方法を通じて、症状が起こっているときに使っている脳の神経プログラムとは別の回路を使用することができるようになります。このテキストの18の練習課題を日常生活の中で習慣化することで、より健康的な生活を送ることができるようになるのは、この神経細胞の可塑性を利用しているからなのです。

　この実践テキストは、元々は大学生を対象とした健康教育プログラムとして作られていますが、臨床心理士や医療従事者（看護師、理学療法士、医師など）や代替医療専門家による心身医学的アプローチの実践トレーニングとしても最適な教材となります。健康に関わる専門家自身のセルフケアトレーニングを通して、認知行動療法を応用した全人的アプローチの方法を習得していくことができるでしょう。また、このテキストは患者さんや一般の健康な方たちにとっても、薬に頼らずに自分自身で心身の健康状態をより高めていくための具体的な方法を示してくれることでしょう。多くの人々が、このテキストを通じて自分自身の健康増進に積極的に取り組み、「もっともっと健やかにいきいきと生きる」ことができるよう祈っております。

　2010年 秋

アイ・プロジェクト統合医療研究所所長
ナチュラル心療内科クリニック院長

竹 林 直 紀

はじめに

　このワークブックは、1993年に出版された、「クリエイティング・ホールネス、ダイナミック・リラクセーション、イメージと認知の変容を用いた、セルフ・ヒーリングのためのワークブック」(Erik Peper, Catherine F. Holt：Creating Wholeness: A Self-Healing Workbook Using Dynamic Relaxation, Images, and thoughts. 1993) の内容をもとにつくられました。サンフランシスコ州立大学で行われている、西洋的ホリスティック・ヘルス・コース[1]への参加者、バークレーのWork Solutions USAやバイオフィードバック・家族療法協会に来られる方々、そして、ピーク・パフォーマンスのトレーニングプログラムに参加される方々などが、練習をとおして自己への気づきを深め、自分の力で成長していくことができるようにつくられたものです。

　このプログラムでは、ストレスを克服し、目標を設定し、健康観や世界観が大きく深く変わり、実際的な能力を身につけることができます。サンフランシスコ州立大学においてこのプログラムを選択する学生が増えてきたのは、ジョージ・アラキ心理学教授の先見の明と励ましがあったお陰であることを付記しておきます。

　このワークブックの目指すところは、この本を体験された人が一生涯セルフ・ケアの能力を伸ばし続け、健康とセルフ・ヒーリングの能力を深めて成長していくことです。この本を読まれた人が心身への気づきを深め、自己コントロールの力を育てる練習をとおしてこころと体のより良い状態を自分でつくり出していくことができるようになられることを願っています。順々に展開されるプログラムは体とこころを解放し、癒し、私たち誰もがもっているうちなる調和や〈ホールネス wholeness[2]〉へと導いていきます。毎年このプログラムに参加した学生たちのレポートが、この本をつくるのに大きな助けとなりました。このプログラムに参加した学生の多くはストレス対処能力や目標達成能力を高め、また世界観や健康観が大きく変わるという体験をしました。彼らは試験や人生の試練を克服する能力を習得し、また苦しんでいた病気を克服した人もいます。多くの学生が「サンフランシスコ州立大学で学んだことで最も役に立ったのはこのプログラムで体験したことで、おかげでとても健康になった」

と言っています。たとえば「毎日の生活のなかで喜びを見い出せるようになったと、今感じている…自分の気分とエネルギーしだいでより効果的に仕事をこなし、ムダをなくすことができるのだ…相変わらず忙しい毎日だが仕事と遊びのバランスをとることができるようになったので、疲れているというよりは自分に活力が感じられる…もっと早く、何カ月も前からこのプログラムに参加していれば良かったのにと思う」

　より健康でホールネスでありたいと願い、自分のもてる最大の力を発揮して人生を生きたい、仕事をしたい、何かをしたいと願う人には、この本が良い導き書となるでしょう。

エリック・ペパー

1　サンフランシスコ州立大学のホリスティック・ヘルス講座は入門科と専攻科に分かれていて、中心講座は西洋的ホリスティック・ヘルス、東洋的ホリスティック・ヘルス、人間の自然、中国的ホリスティックの4つのパートに分かれています。

2　身体（body）とこころ（mind）と魂（spirit）が一体となり健康的で生き生きとした状態。

感謝のことば

　このワークブックは学生たちのあたたかく、時に辛らつなフィードバックなくしてはできませんでした。この練習に参加して変化したという彼らの言葉やレポートを読む機会を得たことは、とても恵まれたことでした。学生たちにこころから感謝を捧げます。彼らは自分が癒される体験をとおして得た実感を教えてくれる〈先生〉でした。彼らのフィードバックがこのワークブックの構成にどれだけ役に立ったことでしょう。特に文章の引用を許可してくれた Cie-jae Allen、Collet Campbell、Lisa Green、Wendy Hussey、Janice Mettler、Gayathri Perera、Susan Wilson に感謝します。またいくつかの練習をつくるのに協力してくれた Sarah Smith Rubio に感謝します。また、セルフ・ヒーリングに関する文章を、改変して用いることを許してくれた Shelah Barr に感謝します。

　建設的な意見をたくさんくれた Vicci Tibbetts、初期の頃の〈語りの文章〉をていねいに読んで意見をくれた Lesli Fullerton に感謝します。意見をくれた Dr. Louisa Howe、Chares Lynch、Jackie Benson、Denis DiBartolomeo、Dr. Carol Aronoff に、練習のアイデアを提供してくれた Albert Weijman に感謝します。そして〈最初〉にこの話を分かち合った Michael Schermer に感謝します。

　この本が良いものになったのは、Kate Huber の建設的な意見と Samantha Stormer の創造力、Diana Robert の励ましと編集の助言があったからです。また、私たちがこの本の制作に取りかかっている間、家族たちに面倒をかけましたが、これを受け入れ支えてくれた身近な家族たちに心から感謝します。とりわけ、絶え間ない支えと愛情をもって仕事を見守ってくれた Karen と Christopher に感謝をささげます。

　この本を Eriot と Laura に、その好奇心と成長と創造力にささげます。

エリック・ペパー

目　次

はじめに

第 1 章　イントロダクション
　健康とはどんなこと？ ……………………………………… 2
　どんな人に効果的か？ ……………………………………… 10
　ふり返りとまとめ：あなたの体験をまとめる …………… 16
　こころと体のつながり ……………………………………… 18
　エネルギー・レベル、気分、ストレスへの反応を
　　　　書いてみましょう：練習 1 ………………………… 24

第 2 章　ダイナミック・リジェネレーション
　ダイナミック・リジェネレーションへの扉 ……………… 32
　ひとりで練習するとき ……………………………………… 40
　ダイナミック・リラクセーション：練習 2 ……………… 42
　呼吸：こころと体をつなぐ架け橋：練習 3 ……………… 50
　リラクセーション・イメージをつくる：練習 4 ………… 64
　すばやく手をあたためる：練習 5 ………………………… 78
　リラックスしたまま行動する：練習 6 …………………… 97
　あなたのためのリラクセーションをつくる：練習 7 …… 106

第 3 章　認知を整える
　　　認知―あなたが描いている世界 ……………………… 112
　　　こころのなかの〈ことば〉を変える：練習 8 ……………… 117
　　　エネルギーの消耗をエネルギーの蓄積に変える：練習 9 … 128
　　　失敗を成功に変える：練習 10 ………………………… 136
　　　問題解決のための 9 つのステップ：練習 11 ……………… 148
　　　隠している秘密を解き放つ：練習 12 …………………… 155
　　　病気を〈良いこと〉に変える：練習 13 …………………… 166
　　　会って、感謝を伝える：練習 14 ………………………… 172

第 4 章　イメージと行動を変えて自分自身を癒す
　　　イメージと行動を変えて癒しを呼び起こす ………………… 180
　　　イメージを膨らませる―無意識からの答え：練習 15 …… 184
　　　セルフ・ヒーリングの計画を立てる：練習 16 …………… 193
　　　セルフ・ヒーリングのイメージをつくる：練習 17 ……… 202
　　　セルフ・ヒーリング：練習 18 …………………………… 217

〈日本のみなさんに、特別のメッセージ〉セルフ・ヒーリング体験記 … 238
あとがき（訳者）……………………………………………………… 242
索　引 ………………………………………………………………… 244

第1章
イントロダクション

気づきという点から言えば、
〈ホールネス〉（wholeness）の種は誰でももっています。
私がここで言う〈ホールネス〉とは、自分自身のうちなる調和に気づき、
自分の生命力をいきいきと活性化させていく、その可能性のことです。
———— *Dora Van Gelder Kunz*

健康とはどんなこと？

　ホリスティック・ヘルス（Holistic Health）は、人間を全体としてとらえ、その視点から健康を考えるものです。「あらゆるものはそれぞれ全体の一部を構成していて、お互いに影響し合っている」ことを理解することから始まります。John Donneの言葉を借りれば、「島のように完全に独立している人はいない。人間は大陸の一部のように、大きなものの一部分なのだ」。つまり、私たちが自分の人生を生きることが大きなシステム全体に影響し、またそのシステムが私たちの生活に大きく影響するのです。

　私たちの健康は実に多くの要素から成りたっていて、しかもそれらはお互いに影響しあっています。たとえば食事、運動、人間関係、遺伝、社会経済的背景、ものごとの考え方、などもそのうちのひとつです。これらのすべてが現在の、そして将来の私たちの健康に影響しているのです。ホリスティック・ヘルスでは、体とこころ、精神、そして環境の相互の関係を大切に考えます。言いかえると、人間は自分の健康のためにより良い食事や運動、社会的役割、仕事、考えやイメージを意識的に選択することができるということです。あなたが自分の健康をコントロールするために大切なのは、リラクセーション、腹式呼吸、ストレス対処法、ヒーリング・イメージ（癒しのイメージ）をもつこと、そして日常の行動を変えることです。これらのすべてに共通する大切なことはマインドフルネス（Mindfulness、穏やかに満たされ、自然のいのちにつながっている感じ。落ち着いていて、ものごとを受け入れていくあり方）、つまりあなたの気づきや能力を、毎日の生活の中で調和のとれたものにしていくということです。健康であっても病んでいても、私たちは自分自身を成長させていくことができます。

　このワークブックの目的は、「今後あなたが自分の人生を生きていくうえで、より良い選択をする助けとなる」ことです。〈自然に備わっている、自分で気づき成長していく力〉が発揮されるように援助していくことが、私たちの願いです。このように〈自分で気づき成長していくことを援助する〉方法は、今までの健康法や病気を治す方法とはずいぶん異なります。

　私たちの〈体とこころの関係〉を車にたとえることがあります。車のどこかに調子の悪いところがあればキャブレーターを交換したり、バルブを締めたり修理をするで

しょう。同じように、私たちの体もトランスミッションが壊れたりタイヤがすり切れてポンコツ車のようになったりすることがあります。もし心臓病になれば、心臓の弁置換をしたり人工血管でバイパスを作ったりするでしょう。車も上手に運転して、急発進や急停止をしないように、坂道発進しないように、溝に落ち込まないように（そんなときはフルパワーで発進しようとするでしょうから）すれば、長く愛用することができるように、体も大事にいたわると健康に生活できるようになります。

このように似ている点もありますが、人間は回復力のない機械とは違います。人間には再生し、新しいものを自ら生み出していく力があります。自分の生き方次第では、自分をよみがえらせ成長させていくこともできるのです。自分で再生し成長できる車を想像してみてください。もしもあなたが車の手入れをよくしていれば、すり切れたタイヤは自力で再生してしまうのです。この〈成長する力〉という考え方は、私たち独自のものです。この力は私たちを〈調和あるホールネス〉へと自然に導いていきます。私たちは未来に向かって流れていくエネルギーです。ちょうど川の流れが水をとどめておかないのと同様に、私たちは昨日と同じ自分には戻れません。絶えず変化し、成長していくのが自然であって、実は変わらないことのほうが不自然で不健康なのです。

このワークブックは自分ひとりでも、セラピストの指導のもとでも、クラスの一部としても行えるように工夫してあります。またあなた独自の〈リラクセーションとセルフ・ヒーリング・グループ〉を創造することもできます。このワークブックは誰もが本来もっている〈健康になろうとする力〉を引きだし、よみがえらせていくことに主眼をおいています。健康と健康な人生は、味わい深いものです。健康[1]とは、単に病気や症状がないことを意味するものではなく、こころの状態をも含んでいます。こころと体を分けて考えることはできません。

このワークブックはどこから始めてもかまいません。簡単そうなもの、短いもの、おもしろそうなものを選んで始めてください。どこから始めても、すべてのことはつながっています。ある女性はダンスをやめたところ、食べ過ぎるようになったことに気づきました。彼女にとって体重を減らすのに効果的だったのはカロリーを計算するよりも、新しいダンス・クラスを見つけることでした。ダンスを始めると、落ち着かない感じが減り、食べる量が自然に減りました。1日中頭痛に悩まされていた働き過

---

1 1946年WHOは健康を「身体・精神的（physical、mental）および社会的に完全に良好な状態であって、単に病気や虚弱でないということだけではない」と定義しましたが、2002年新たに、魂（霊性 spiritual）を含めたより全人的な状態（dynamic state）と改定する動きがでてきています。また日本の禅には「身心一如」（しんしんいちにょ、こころと体とはひとつ）ということばがあります。

ぎの女性は、友人に電話するのをやめて外出することにしました。彼女は見知らぬ人にもほほえみかけるように心がけ、友人に会う機会を増やしたところ、頭痛は治まったのです。自分で自分を癒していくその過程そのものに、力があるのです。

次の〈より健康になるための14項目〉を読んで、あなたにとって関心のあること、取り組む問題がなんなのかを確かめてみましょう。どうすればあなたの生活はもっと調和のとれたものになるでしょうか。どこから始めましょうか？

より健康になるための14項目

1. 健康的な食事
    - 果物、野菜、穀物など主要な食品をバランス良くとる
      食物繊維をたっぷり、脂肪・塩分・糖分は控える
      肉類は少なく（食物連鎖の下位のものを食べる）
      あまり手を加えない、素材を活かした料理
    - バランスのとれた朝食を含めて、1日3食たべる
    - 毎日最低1食はあたたかいバランスの良い食事をとる
    - 食事のときは座って、なにかをしながら食べない（運転、仕事、コンピュータなど）
2. タバコは吸わない
3. 薬にたよらない
4. カフェインを控える
    - カフェイン入りのコーヒー、紅茶などは、1日2杯まで
5. アルコールを控える、または飲まない
    - 飲むのは1週間に4日まで（週に3日はノン・アルコール・デーを）
    - イベントのときは、アルコールを1杯と決める
    - 飲むならば仲間と一緒に、ひとりでは飲まない
6. ほど良い体重の維持
    - 太り過ぎない、やせ過ぎない
    - 自分の体重と、自分のボディ・イメージに満足する
7. 適度な運動
    - 有酸素運動（エアロビクスなど）を、少なくとも週に3回する
    - ストレッチングや体操をする（気功、太極拳、ヨーガなど）

8. 適度なリラックス
    - 静かな時間、ひとりの時間、自然にふれる時間を毎日もつ
    - 遊び、楽しむ時間を、少なくとも週に1回もつ
    - テレビを見過ぎない、コンピュータゲームはほどほどに
9. 十分な睡眠
    - 毎晩6〜8時間の睡眠
10. 安全を守り、危険や汚染される環境を避ける習慣
    - 車のシートベルトを着用、エアバッグを装備する。バイクのヘルメット着用
    - 安全で有毒物のない生活環境、危険のない労働環境
    - 危険の高いことは避ける（たとえば、不特定多数の相手と感染予防なしでセックスするなど）
11. 怒り、腹立ち、恐れなどはその日のうちに解決する
    - 「解決できないまま」にしておかない
    - 一緒に生活している人と、家事のことについて日常から話をしておく
    - 気持ちを表現できるようになる
    - 罪悪感をもたずに「No（ノー）」と言えるようになる
12. 肯定的な態度やこころのつながり
    - 自分を好きになる、受け入れる、育てていく
    - 仕事や勉強に意味を見い出す
    - 人生の目的を見つける
    - 困難を〈成長する良い機会〉と受けとめる
    - 自分の信念から強さを生み出す
13. ユーモアと創造性
    - 1日に1度は冗談を言う、聞く
    - 大変なときこそ〈ユーモア〉を
    - 遊びごころをもつ
    - 楽しめて、想像力が生まれるような趣味をもつ
14. ソーシャル・サポート、社会的資源
    - 友人、知人、親戚などのつながり
    - 日常的にスキンシップの機会を増やす
    - 信頼できる友人を1人はもっている
    - 必要なときは誰かに助けを求められる
    - 異性との付き合いや性生活に満足している

私たちは、食べたものの集大成

　私たちは進化の結果、今のからだを手に入れたとも言えます。環境やライフスタイルの急激な変化にも関わらず、私たちの生物としての根本的な部分は2000年以上変わっていません。たとえば、私たちの深いところには狩猟採集民族のころの感覚が残っているので、刺激に対して、まるで牙をむいた虎に出会ったかのように、自動的に〈闘争－逃走、すくみ〉反応が起きるのです。

　昔の生活は、働いて、そして休息をとるというものでした。何千年もの間、私たちは消化しやすいさまざまな食物、すなわち加工していない葉もの、根菜、花、種、樹皮、茎や少量の新鮮な肉や魚、昆虫などを食べ、その食物が私たちの体をつくってきたのです。食生活が大きく変化したのは、ごく最近のことなので、私たちの体は新しい食物を処理しきれずに、それがさまざまな病気の増加につながっています。

　たとえば運動不足や有害な新しい化学合成物質を含む加工食品など、生活の変化に体のある器官が適応しようとすると、体にはなにかしらの障害が起こると言われています。西欧式の生活と食事が多くの慢性疾患や、消化器系疾患、心血管系疾患、動脈炎、がん、Ⅱ型糖尿病などの原因になっていることは、データが明らかに示すところです。私たちのこころと体は、自分が食べたものの集大成なのです。

　たとえば多くの場合、Ⅱ型糖尿病の原因のひとつに、ストレスと過度の糖分摂取と、すみやかに単糖類に分解される多糖類を多く含み、食物繊維や自然の抗酸化作用の少ない食物の摂り過ぎがあげられます。単糖類は一時的に血糖値を上げ、インスリン分泌を促しますが、その後血糖値は急激に低下します。体内の、この急激な変化が、気分の変化や、がん細胞の転移などに、影響を及ぼしていると考えられます。糖分、もしくはコーン・シュガーや玄米でなく白米、全粒粉でなく白小麦のように、消化されるとすぐに炭水化物に分解されるものや、高タンパクのものを多く摂取するようになったのは、ごく最近のことです。私たちの食事はもはや自然なものではなく、殺虫剤やホルモン剤を含有し、以前は存在しなかった何千もの化学物質にさらされています。おそらく80％のがんにおいて、私たちの周囲にある化学物質がその原因であるか、促進因子であると考えられており、そのうちの多くが食物に含まれているのです。

　学生に食物の大切さを勉強してもらって、主に玄米やたくさんの野菜と果物、根菜、ナッツなど、加工食品以外のものを食べる体験をしてもらうと、ほとんどの人が3日以内に、エネルギー・レベルが上がり、イライラしなくなり、お腹の調子が良くなると言います。

第1章　イントロダクション

動かないとさびついてしまう―毎日の生活に運動を取り入れる

　食料が不足していた時代には、エネルギー消費を節約することは、生き延びるために必要なことでした。動き回るよりも座ってなにもしないほうが楽なことは確かです。しかし、私たちが狩猟採集民族として生活していたころには、一日中動きまわっているのが当たり前でした。考えてみれば、私たちが動かずにコンピュータやテレビの前にじっと座って仕事をするようになったのは、ごく最近のことです。

　眠って体を休め回復させるとき以外は、じっとしているのは体に良くありません。静脈血流やリンパの流れを促進するためには、定期的に静脈やリンパ管周囲の筋肉を収縮させて、心臓に送り返すことが必要です。くり返し筋肉が収縮しなければ、組織には老廃物が溜まり、静脈血やリンパもとどこおって、循環が悪くなります。その結果、下腿浮腫が起こるかもしれませんし、腹水の原因にさえもなるかもしれません。

　それだけでなく、私たちはじっとしていると、エネルギー・レベルが下がり、気分も落ち込むものです。もともとの自然な状態に戻って、日常的に体を動かすようにしましょう。エネルギー・レベルを上げるための、もっとも手っ取り早い方法は、体を動かすことです。誰かと一緒にエクササイズをすると、気分はもっと楽しくなります。

エクササイズする前と後の、エネルギー・レベルの違いを感じてみよう

　立って、あなたの周囲に、花をつけた植物がたくさんあると、イメージしてみましょう。あるものは丈が高くて、あなたの背丈ほどもあります。またあるものは遠くまでずっと広がっています。さあ、手を上に伸ばして、それから横にも、下のほうにも手を伸ばして、あたりにある花を摘んでみましょう。そして、摘んだ花を集めて、花束をつくってみましょう。花を摘むときに、ずっと手を上に伸ばして、つま先立ちになって、花に手が届いたら、「シー…」と声に出して、しずかに息を吐いてみましょう。

　あなたのまわりにある花を、たくさん摘んでみましょう。上にある花も、横にある花も、下にある花も、ふり向いて後ろにある花も、摘んでみましょう。花を摘むたびに、腕に抱えている花束に、花を加えていってみましょう…

　そして、おおきな花束ができたなら、摘むのをやめにしましょう。…さあ、あなたの大

好きな人、たとえばおばあさんでも誰でもかまいません。大好きな人をイメージして、その人にあなたのつくった花束を手渡してみましょう。

いま、どんな感じがしていますか。実際に花を摘む動作をした後では、自分で感じられるエネルギー・レベルは上がりましたか？　気分は少し良くなりましたか？　このようなエクササイズをするとほとんどの人が、やり始めるとすぐに、エネルギーも気持ちも上がるという体験をします。

コンピュータで仕事をしているとき、時折ブレイクをとって、ちょっとした動きや体全体を使った運動をすることで、首や肩、腰の痛みやこりが明らかに減少します。

　体を動かすことは、〈闘争－逃走、すくみ〉反応によって引き起こされる生物学的なストレスを解消する手段でもあります。ストレスに対して体は自動的に身構え、〈闘争〉か〈逃走〉の準備をします。この生物的な興奮状態は、ホメオスタシス（自己正常化の力）によって体が回復することを妨げます。体を動かすことで、この緊張が解けます。

　また、長時間座って仕事をすると血液やリンパ液の循環が悪くなるので、体は回復しにくい状態に陥ります。デスクワークが多い現代社会では、特にこまめに体を動かして循環を促すことで、仕事を効率よく続けることができるようになるのです。

　狩猟採集民族だったころの自然な状態に近づくためにも、1日少なくとも30分は歩く、ジョギングをする、ダンスをするなど、体を動かすことを日常生活に取り入れてみましょう。1日に30分のエアロビクス（有酸素運動）を週に5、6回する人は、肺がん、心臓病、高血圧、うつ病になる割合が低いという研究データがあります。

　軽いうつ状態、中程度のうつ、もう少し程度の重いうつ病でも、抗うつ薬を飲んだだけのグループより、体を動かすエクササイズだけをしたグループの方が、うつが改善したという報告もあります。この研究では、その後のうつの再発率を比べたところ、抗うつ薬を飲んだだけのグループの再発率は、エクササイズをしたグループの約5倍であったと報告しています。

　昔の生活をまねすることで、私たちはもっと健康になることができるし、健康を維持することができます。日常生活に運動を取り入れましょう。電車やバスをひと駅手前で降りて、歩く距離を延ばしてみましょう。エレベーターやエスカレーターに乗らずに、階段を使うようにしましょう。外に出て、散歩をしましょう。一緒に社交ダンスを踊るパートナーを見つけるというのも素敵ですね。

　体を動かすとどんな変化が起こるのか、実験してみましょう。これから2週間、歩

く、ジョギング、体操など、どんなことでも良いです。少なくとも毎日30分間運動してみましょう。そして2週間後に、どんな感じがするか、確かめてみましょう。ほとんどすべての人が、エネルギー・レベルが上がった、抑うつ気分が軽くなった、いきいきと感じられるようになったと言われます。

より健康的に食べるために、覚えておいてほしいこと[2]

良いものを食べることは、心身の健康維持において、とても重要なことです。

1. ひいおばあちゃんの時代にはなかったものは食べない
   （最近の食べものは、もはや"食べ物"と言えないものが多い）
2. 健康食品であっても、加工食品は食べない
3. 添加物を多く含んでいる食品を食べない
4. なるべくスーパーマーケットで買い物をしない
   （自然のままの食べ物を売っている店で買い物するようにする）
5. 良いものを食べるために、多少高くても、選んで買う
   （安い食品は、より工業的に効率よく生産されたものが多い）
6. 食べ過ぎないこと（低カロリーと少食）
7. 野菜をたくさん食べる（特に葉ものを多く食べる[3]）
8. 欧米式の食事よりも、伝統的な日本食を食べる
9. 自分で調理して食べる（できれば、野菜を育てる）
10. 雑食動物のように、いろいろなものを食べる

---

2 マイケル・ポーラン：ヘルシーな加工食品はかなりヤバいー本当に安全なのは「自然なままの食品」．青志社，2009．より改編
　その他、健康に食べることに関する参考図書：
　マイケル・ポーラン：雑食植物のジレンマーある4つの食事の自然史（上下）．東洋経済新報社，2009．
　ロバート．M．サポルスキー：なぜシマウマは胃潰瘍にならないかーストレスと上手につきあう方法．シュプリンガー・フェアラーク東京，1998．
　Servan-Schreiber D：Anticancer A new way of life. New York: Viking, 2008. など
3 葉もの野菜をたくさん食べるのは良いことですが、鮮やかな緑色の葉もの野菜には、窒素肥料によって硝酸態窒素が残留しているので、必ず一度茹でこぼしてから食べるようにしましょう。硝酸は体内に入るとヘモグロビンと結合して酸素の運搬を妨げるだけでなく、亜硝酸ナトリウムを経て、タンパク質などと結合すると、強力な発がん物質であるニトロソアミンに変化します。

どんな人に効果的か？

　体に無理が溜まっている人、心にストレスがあって緊張状態にある人で、自分で自分を癒していきたいという願いをもち、自分自身への気づきをより深めたいと思う人に、このワークブックは大変役に立つでしょう。

　心臓病、がん、関節炎、糖尿病、高血圧、潰瘍、腸炎、喘息、アレルギー、早老、抑うつ、湿疹、頭痛、腰痛、不眠症、月経不順、不妊症、易感染性、免疫機能異常、能力の低下など、実に多くの病気や状態にストレスが大きく関係しているということが明らかになってきています。比較的健康な人も疲れがたまったりイライラしたり、筋肉がこったりしています。私たちのこころと体は切っても切れない関係にあるので、自分の問題が心理的、内面的なことから来ていると思うときでも、体をほぐしてリラックスさせることが、とても有効なのです。反対に自分の問題が身体的なことから来ていると思えても、同様に気づきを促す心理的アプローチが有効なのです。

　その他に役立つことは、よく眠れるようになること、体に関する気づきが増えること、エネルギーの回復が速くなること、集中力が高まることなどです。実際にワークを体験することで、こころに穏やかな調和が訪れるでしょう。

このワークブックを有効に活用するために

　　　　　質問：自分の世界を変えるのに、何人の心理学者が必要か？
　　　　　答え：1人。もし、本人が本当に変わりたいと思うのならばね。

　このワークブックには皆さんの積極的な参加が必要です。一生懸命練習すればするほど、得るものも大きいでしょう。自分のものにするには時間がかかりますが、練習して実際に体験することで、変化が起こるのです。気づき変化し成長していくプロセスは、新しい技術を学ぶのと似ています。

　参加された方は、次のようなことをよく言われます。
　　・自分で今日を〈良い日〉や〈悪い日〉にしていたということに気づいた。

- 成功した秘訣は、自分でやろうと思ったこと、私にそれをやる必要があったということです。
- 誰にも迷惑をかけずに自分自身が健康になり、自分の世界を半永久的に変える力を自分がもっているということに気づいた。
- 私はこの練習を他のものに優先させた。つまり、自分自身をなにより大切にした。これが重要なことだった。

練習の効果

　車の運転を覚えるまでに、何週間もかかったことでしょう。最初に教わったときのことを覚えていますか。車道を走るときには、全神経を運転に集中したことでしょう。周囲の車、歩行者、信号、ハンドル捌き、アクセルとブレーキとシフトの入れ替え、これだけのことに同時に注意を払うなど、とても無理なことのように思えたことでしょう。ところが今では多くの人が、話をしたり、ラジオを聞いたり、電話を掛けたり、景色を楽しみながら、運転しています。どのように運転して行ったかさえ覚えていないほど無意識に運転して、目的地に着くこともあるでしょう。あれほど集中して注意して運転していたのが、どうして自然に運転できるようになったのでしょうか。いちばんの理由は、〈練習して体が覚えた〉のです。このワークブックも同じです。練習すれば自分のものになり、そして大きな恩恵を受けることでしょう。

「抵抗」の中味

　自分を変えたら良いのは分かっていても、始めるのがおっくうだったり、途中で休んだりやめてしまったりすることはよくあることで、悪いことではありません。変わろうとするとき、抵抗が起こるのは当然のことです。変わるのにはエネルギーが必要です。未知のことは〈怖い〉こともあります。「このリラクセーションが〈パンドラの箱〉を開けてしまって、思い出したくないことや嫌な感情が出てきたらどうしよう」と思うかもしれません。また私たちは失敗を恐れるものです。「セルフ・ヒーリングを始めて、うまくいかなかったらどうなるのだろう。そうしたら自分を責めて、もっと悪くなるかもしれない」。あるいは「今は、やっとのことで自分を保っている。なにかが変わったら、バランスが崩れてしまう」とか、「私が変わったとしても、誰も

私のことを愛してはくれない」、といったことを考えるかもしれません。

　変化しようとするときに起こる抵抗は、多くの場合〈変わりたい〉と願う気持ちの裏返しです。〈変化を恐れて抵抗している〉自分と、〈変化を歓迎し求めている〉自分の2人が、こころの内で戦っているようなものです。前に進むときには恐れが出てくるものだということを知って受け入れ、しかも恐れに屈しないことが大切です。この思いはどこからくるのでしょうか。

受け入れること

　ほとんどの人は、幼い子どものころにつらい思いや怖い体験をしたために、生きるためのさまざまな〈防衛方法〉を身につけてきました。そのときは必要であったものが今では成長して状況も変わっているので、役に立たないだけでなく、人生をいきいきと生きるのにジャマになるのに、まだ同じ方法を続けている、ということがよくあります。たとえばサーカスでは子象が逃げ出さないように、小さなクイと細いロープでつないでおきます。子象は何回かロープを引っ張って、〈自由になるのは無理だ〉と学びます。すると数年後、大きくなって力も強くなった象をつないでおくのに、赤ちゃんのときと同じ細いロープと小さなクイで十分なのです。これと同じように、子どもも幼いころに自分を抑えることを学び、それをその後の人生でもずっと続けてしまうのです。

　たとえば両親から厳しくしつけられ、「そんなことをしてはいけません」と怒られて育った子どもは、自分に厳しくすることを学び、親から認められ愛してもらえるような行動をとるようになります。しかし大人になってからも自分を厳しく規制したならば、怒りがたまって自己評価が低く、自信のもてない人間になることでしょう。

　大切なのは、そんな自分を受け入れることです。あなたの行動パターンは、過去においては意味があり、生きていくのに必要なものでした。あなたにはそのパターンを〈続けたい〉という思いと、〈手放したい〉という思いの両方があって、成長をあきらめたくなることもあるでしょう。そんなときはちょうど〈おびえている子どもをなだめる〉ように、あなたが感じている恐れを受け入れ、なだめ安心させてあげることです。自分の行動パターンをよく確かめ、変えていく決心をしましょう。そして、そんな自分も間違いなく自分なのですから、あたたかくいつくしんでいきましょう。自己破壊的に見える多くの行動パターンは、ある時点ではあなたの助けとなってきたはずです。

練習が続かない

　多くの人が〈練習しなければと思っていても時間がない〉と言います。みんな練習が大事だと分かっているなら、どうしてこんなことになるのでしょう。実際は多くの人にとって練習はピンと来ないし、疲れるだけで、筋肉痛にもなります。このことが〈続かない〉ことに関係しています。〈続かない〉というのは、よくスポーツなどで見られる〈裏返しのメッセージ〉なのです。多くの競技スポーツでは勝利者は〈1人〉で、他の人は全員負けることになっています。オリンピックの銀、銅メダリストを、誰が記憶しているでしょうか。チームスポーツでさえ、栄冠は勝利したチームにのみ与えられ、他の多くの人は敗退するのです。これは単に文化ということにとどまらず、私たちの親たちはみな、敗者復活に失敗したということでもあります。時に私たちは親たちの夢を受け継いでいるもので、「もし私たちが勝てなければ、親たちはがっかりする」ことを知っています。だから、多くの人が努力しようと思うのですが、スポーツに参加した過去の経験は「失敗」や「落胆」ばかりなので、続かないということになるのです。

　同じように禁煙で苦労する人もいます。禁煙するよりはタバコを吸い続ける方がラクなことでしょう。それではどうしたらいいのでしょうか。「タバコは体に悪いか」と言えば、答えはおそらくイエスです。しかしタバコも気づかないうちにその人にとって役に立っていることがあります。タバコに火を点ける、お化粧直しをする、そんなことで、人前に出る前にちょっと間をとることができます。ある人にとって喫煙は、〈自我を確立〉していく重要なプロセスなのかもしれません。喫煙の〈自己責任〉と〈自己コントロール〉という体験を通して、〈自立する〉ことにもなるのかもしれません。「自分は親から独立した存在だ。親は自分がタバコを吸っていても止められない」。そんなふうに自分を支えている人がタバコをやめてしまったら、彼らの〈自我〉はどうなってしまうでしょうか？…結局「タバコはやめられない」ということになってしまうのです。

練習の進め方

1. このワークブックは、どこから始めても良いです。
2. 練習の説明をていねいに読み、1日20〜30分練習できるような計画を立てましょう。

3. 毎日練習の後、体験したことを記録用紙に書いてみましょう。1週間の終わりには体験をふり返り、まとめを、各章の終わりで、それまでの体験をふり返ってみましょう。
4. できれば小グループで誰かと一緒に練習してみましょう。グループで練習するときは、次のことを覚えていてください[4]。
   - グループで話されたことは、〈そこだけの話〉です。メンバーに敬意を表して、グループ以外では話さないようにしましょう。
   - 1日1回は発言するようにしましょう。
   - 自分のことについて話しましょう。
   - それぞれの人の感じを尊重しましょう。他の人の感じたことや反応を、良いとか悪いなどと評価する場ではありません。
   - 「練習はどんな感じだったの？ 今はどんな感じがしているの？」というように、感じや体験したことを分かち合いましょう。
   - 実際の変化までふくらませて話し合ってみましょう。たとえば「練習して毎日の生活がどう変わりましたか？」、「友人や家族の反応はどうでしたか？」などと尋ねてみましょう。
   - もしメンバーで練習を続けるのがむずかしい人があったなら、次の1週間はどのように工夫すれば良いかをみんなで考えてみましょう。
5. すぐに効果が出ることを期待しないで、〈自分探し〉を楽しんでみましょう。成長はいつもゆっくり少しずつ起こるものです。「次になにが起こるのだろう」とワクワクして遊ぶ子どものように、自分の気づきや成長を楽しんでみましょう。

どうして記録用紙に記入するのか？

　書く作業は、自分のうちになにが起こったのかを理解し受けとめ、統合していく助けとなります。書くことで形の無いものがひとつの形をなし、意味が与えられるのです。自分の内部に起こった〈すぐに忘れてしまうようなチョットしたぼんやりした体験〉を、書くことによって日常の意識にのぼらせることができます。また書いたものがあれば、自分の体験を後でふり返ることができます。そしてそれは、あなたの内部

---

[4] サンフランシスコ州立大学の学生向け心理カウンセリング・サービス、the Office of Human Relations, Disability Programs and Center の配布資料より改変。

で起った体験を、行動に結びつける架け橋となります。また書きとめておけば、自分の体験を後からふり返ることができます。私たちの行動や反応はあまりに自動的に起こるので、記録していなければ思い出せないことも多いのです。

　書くことのもうひとつの効用は、私たちが体験するすべてのことを、冷静に分析し観察する〈こころの"観察者"〉を育てていく働きがあることです。この"観察者"は、瞑想によっても深めることができます。そして"観察者"をとおしての気づきは、自分の行動を変えていくのにとても役立ちます。たとえば「おびえているものから逃げ出したい」と思っている人は、実際におびえる場面の体験なしに、逃げ出したいと願っている自分を見つめることができますし、1時間に何回も「アルコールを飲みたい」、「甘いものが食べたい」と思う人も、実際に飲んだり食べたりしなくても、そうしたいと思っている自分を観察することができます。このようにして、私たちは自分自身を知り、以前の行動パターンを変えて、大きな自由を手に入れることができるのです。日記をつけることも、このような変化を促します。

ふり返りとまとめ： あなたの体験をまとめる

> 　4週間分の記録用紙と質問用紙を読み返し、自分が変わったことに気づきました。長い間押しこめてきた感情がやっと出てきました。それがどんなものであっても、感じて受けとめていくことができます。これは長年自分が続けてきた行動パターンだと気づきました。時を経て、この変化を受け入れ気づくことができました。そして今、自分が成長していることを感じています。
> 　　　　　　　　　　　　　　　　　　　　　　　　　　　　　学生

　前の週の体験をふり返ることは、体験をまとめ、受け入れ、成長する可能性を広げます。このワークブックの各章を終えるごとに、自分で書いた「記録用紙」と「ディスカッションとまとめ」を読み返すことを、強くお勧めします。ふり返ることによって、あなたの体験が再構築されます。前週の体験を見返して、重要な変化を書きとめておくと良いでしょう。たとえば「緊張していることを示す小さな変化を、よく気づけるようになった」、「より良く生きるための行動パターンに気づいた」、「緊張型頭痛、片頭痛、不眠などの症状が減り、私たち誰もがもっている、セルフ・ヒーリングのエネルギーをはっきりと確信するようになった」といったことなどは、大きな変化です。

まとめ（サマリー）を書くために

　〈こころの中の〈ことば〉を変える：練習8〉、〈会って、感謝を伝える：練習14〉、〈セルフ・ヒーリング：練習16〜18〉で、自分の体験の〈まとめ〉を書いてみましょう。そのとき、以前の練習の「記録用紙」、「質問」、「ディスカッションとまとめ」を読み返してください。まとめには次のようなことを書いてみましょう。

まとめを書くポイント

1. どのような体験をしましたか。
2. 変わったことはありましたか。
3. 役に立ったのはどのようなことでしたか。
4. 困ったことはどんなことでしたか。
   それにどのように対処しましたか。
5. その他、気づいたこと、感じたことはありましたか。

練習を始めるにあたっての注意

　主治医に相談なく内服薬を変えないでください。以下の方は十分注意して練習を進めるか、できれば専門家に相談し、その指導を受けながら練習を行うのが良いでしょう。

①睡眠薬、降圧剤、安定剤、抗うつ薬、甲状腺ホルモンなどの薬を内服、インスリン注射をしている人。これらの人は練習中に薬効をモニターし、用量を調節する必要が生じることがあります。

②交通事故、溺れかけた体験、レイプ、覚醒剤、麻薬など、心的外傷や意識変容の体験のある人。これらの人は、その体験に関連した否定的感情を癒すのに専門家の助けが必要なことが多いでしょう。またこれらの人はリラックスするのがむずかしいかもしれません。

③大切な人を亡くした人、自分のアイデンティティを見失うような体験をした人、離人体験のある人なども、精神的に支え、近くで見守ってくれる人が必要でしょう。

　なにか病気をもっている人は、初めのうちは意識を集中し過ぎないように注意してください。たとえば、気管支喘息の方は呼吸に意識を集めるのはむずかしいかもしれません。もしもイヤな感じが起こったり、不快な体験をした場合は、練習内容を変えたり飛ばしても良いでしょうし、精神的身体的に支えてくれる人が必要なこともあるでしょう。深くリラックスした状態では規制がはずれるので、泣けたり嘔吐したりするのも、自然なことです。多くの場合は数日休んで、また練習を再開できます。私たちはみな「健康で調和のとれた自分になっていくエネルギー」を備えているからです。

こころと体のつながり

　目を閉じて1個のレモンを思い浮かべてください。きれいな黄色で、両方の端がキュッと、とがっています。そのレモンをまな板の上にのせて、ナイフで半分に切ってみましょう。切るときの感触を手に感じてみましょう。あたりにレモンの香りが広がります。レモンの汁を指先でそっと触れてみましょう。ナイフを置いて、切った半分のレモンをよく見てみましょう。切れた種、黄色い果肉、その周囲の白い部分、レモン汁をなかに含んだ果肉の粒。グラスをもってきてレモン汁をグラスに絞ってみましょう。手に力を入れて、レモンの汁がほとばしるのを感じてみましょう。刺激のあるすっぱい匂いがしてきます。汁を絞り終えたら、もう半分のレモンも同じように絞ってみましょう。全部絞ったらレモンを置いて、グラスを手に取ってみましょう。グラスの冷たさを感じてみましょう。グラスを唇に軽く当ててみましょう。ふれている感じ、冷たさを唇で感じるでしょうか…では、レモンの汁を味わいながら飲んでみましょう。飲み込むときの果肉の粒の感じを味わってみましょう。

(Peper & Willams, 1981, pp187-188)

　この文章を読んだだけで唾液が出て飲みこんだり、口をすぼめたりしたのではないでしょうか。イメージや考えていることが、どれほど実際の体の反応となって現れるかということです。同じように、私たちはまだ起こっていないことを心配して、体調まで崩してしまうことがあります。このことは、こころと体とが切っても切れない関係にあることを示しています。こころに起こるどんな変化も、体に関係しているのです。私たちはまた、周囲の環境に大きく影響されています。家族、社会、空気、水、食べ物、仕事、学校など、そしてもちろんそれに対する私たちの感覚に影響されています。

ストレスに対する反応

　体の警報システムが働き、〈闘争 − 逃走、すくみ〉反応が起こるとき、また治療などによって大きな変化が起こるときなど、脳下垂体からのアドレナリン分泌刺激をきっかけに、アドレナリン、コルチゾール、その他のホルモンが分泌され、心拍数と血圧は上昇し、筋肉は〈闘うか逃げるかの準備〉をします。血液を筋肉に集めるために皮膚からは血の気が引き、消化もストップします。これらの反応は身の危険から生命を守るためのものです。ところが現代社会で生きるとき、この反応は生命を脅かすものにもなります。この反応がはっきりした目的もなしに絶えず起こると、いきいきした体の活動や、深いリラクセーションの妨げになるからです。慢性的にストレスを受けると、体がそれに適応するために、特定の器官やシステムに緊張状態が続きます。この影響が一定の限度を超えると、器官やシステムは破綻をきたし、さまざまな症状や病気が起こるのです。

❀ リラクセーションの役割

　慢性的にストレスを受けている人は、体の特定の部分に症状を発症します[5]。ストレスに体が適応する力には限界があるので、リラクセーションをとおして自己治癒力をよみがえらせ保っていくことは、健康でより良い毎日を送るためにとても大切なことです。病気になるときはほとんど蓄えを使い切った状態であって、エネルギーをよみがえらせるのは時間がかかります。ひどい干ばつを思い浮かべてみて下さい。激しい雨が１回降っただけではわずかに土を湿らすだけか、反対に表土を洗い流してしまうかもしれません。それに対して小雨でも長いこと降り続けば、徐々に土壌を湿らせます。同じようにハワイ旅行はストレスや病気で枯渇したエネルギーを取り戻すのに少しは役立つかもしれませんが、リラクセーションの練習を数週間、数カ月続けるほうが、ずっと効果があるのです。

❀ 人間の機能曲線

　不健康な条件で長い時間働くことができる人達がいる一方で、すぐに病気になって倒れてしまう人がいるのはどうしてなのでしょうか。イギリスの著名な心臓病医師で

5　胃の弱い人は胃潰瘍、腸の弱い人は下痢、頭痛が起きやすい人は頭痛という具合に、自分の体の弱い部分に症状が出やすいものです。

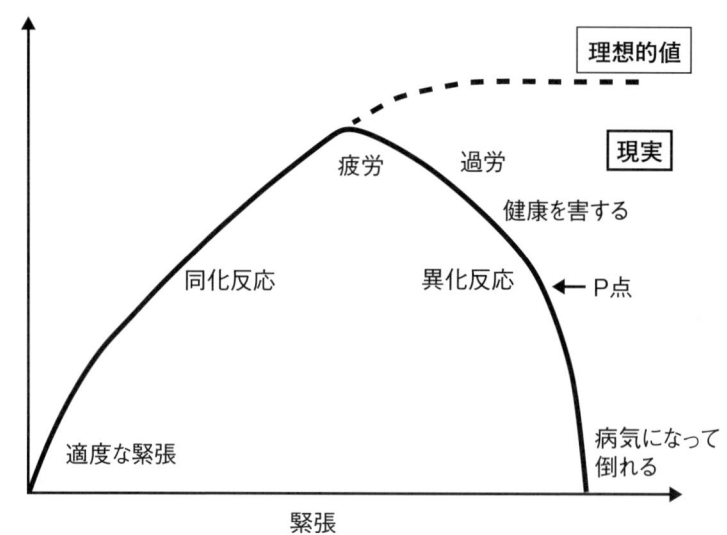

図 1-1　人間の機能曲線
パフォーマンスと緊張の関係を表すこの図は、病気になるモデルとして、また臨床医学の場面では心身社会的アプローチのために用いられている。P点は、非常に不安定で、あと少し緊張が増すと病気になる境界（Nixon、1989）

あるペーター・ニクソンは、〈人間の機能曲線〉（図1−1）の研究を発展させました。健康状態は、エネルギーの回復と蓄積の間を絶えず行ききしているものです。緊張が低くリラックスしているときに、体は再生（同化反応）します。緊張が強いときには〈闘争−逃走、すくみ〉反応が起きているときと同じように、動作を起こすために体は余分なものを放棄します（異化反応）。

　過度の刺激は、認知、感情、行動や身体に影響を及ぼします。たとえば、仕事のことであれこれ悩んだり、夫（妻）といさかいがあったり、子どものことで心配があれば、あなたの緊張は高くなり、健康や睡眠に影響することでしょう。心配ごとがあると眠れなくなり、血圧が上がります。これらの刺激を受けると私たちの体では交感神経が緊張し、〈息を止めたり、速い浅い呼吸になり、緊急事態の反応（闘争−逃走、すくみ反応）が起こる〉という、一連の反応が始まります。私たちは、その場にふさわしい適度な緊張状態にあって、しかも十分に回復できる余裕のあるときだけ、うまく活動することができます。慢性的に緊張状態が続き、最大限の力を発揮し続けたなら、燃え尽きるか倒れるか、病気になってしまうでしょう。緊張の高い状態は、私たちの体を〈異化反応の状態〉におきます。一方、緊張の低い状態では体は〈同化反応の状態〉となり、体の再生や健康が促進されます。この同化作用はリラクセーションなどによって起こり、こころや感情を穏やかにします。自分の健康に留意して適度な成長と練習とを楽しむならば、自分の最高の力を発揮する機能曲線の高さはより高くなる

でしょう。

　この機能曲線は、〈人間の一生〉を表しているとも言えます。あなたはこの曲線のどのあたりにいますか？　幼い頃はたくさん眠ってはやい成長をとげました。年をとるにつれて仕事も責任も増えます。夜遅くまで働き、能率を上げるためにカフェインや強壮剤を用いて仕事をこなそうとすることもあるでしょう。緊張した状態で長時間働くと、私たちの体のシステムは疲弊し、時には破綻してしまいます。悪い生活習慣や恒常的・破壊的な異化優先の生活の影響が出るのは、多くの場合中年を過ぎてからです。たとえば成人の長期間リサーチによると、40代で運動していた人や肥満でなかった人はそうでなかった人に比べて、60代、70代になってから、はるかに健康です。

　体の再生は、こころも体も穏やかなときに起こるものです。時には休暇をとるのも良いでしょう。しかしもっと大切なのは〈疲れすぎない〉こと、自分をよみがえらせる〈休憩〉をこまめにとることです。たとえば散歩をしたり、リラックスしてこころと気持ちを落ち着けたりして、体が回復しやすい状態をつくることが大切です。どうしても生活からストレスをとり除けない場合でも、効果的なリラクセーションを学ぶことで、ストレスが体に与える影響を減らし、あなたの内なるエネルギーを回復させることができます。

自分に尋ねてみてください。

- この〈人間の機能曲線〉のどのあたりに自分はいるのか？
- 休みなく働き続けて、燃えつきそうになっていないか？
- いつもがんばっていないか？
- 自分のこころと体の回復のために、何をしているか？

ストレス対処法とエネルギー・レベル

　私たちが異化状態に入ったとき、その最初の徴候は〈気分の変化〉に現れることが多いようです。穏やかに対処するかわりに、心配したりイライラしたり落ちこんだり、すぐに腹を立てたりし始めます。こんなときは甘いお菓子やスナック菓子やコーヒー、タバコなどがほしくなるものです。それは以前に気分を高めてくれた経験のあ

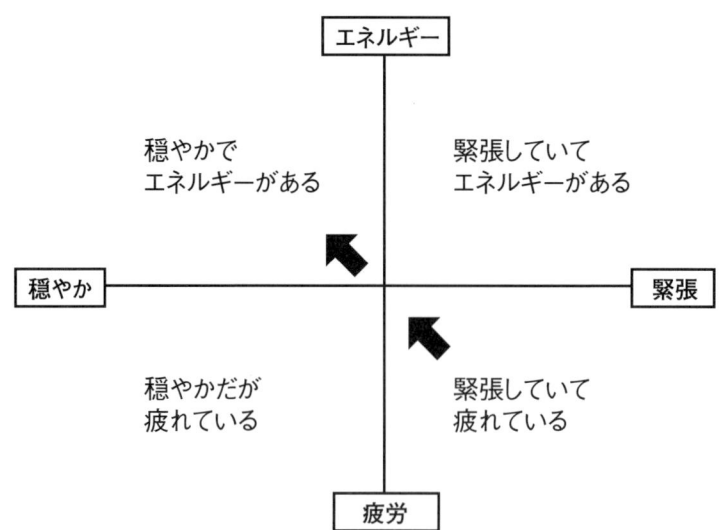

図1-2　より良く気分を自分で整える（Thayer 1996, p.150.）
重い気分（緊張していて疲れている）のときは〈異化状態〉にあることが多く、エネルギー・レベルが下がる午後4時頃か、午後9時から11時の間に起こることが多いです。もしも〈緊張していて疲れている〉気分が起こったならば、自分自身に確かめてみましょう。

るものを利用しようとする無意識が働くからです[6]。しかしこれらのものがイライラする気持ちを紛らせてくれるのは一時的です。

　タイヤーは〈気分のモデル〉を、〈穏やか－緊張〉〈エネルギー－疲労〉の2つの軸で簡単に表わしています。（図1－2）

　この4つに仕切られた部分は、それぞれ異なる4つの気分を表しています。〈穏やかでエネルギーがある（良い気分）〉、〈穏やかだが疲れている〉、〈緊張していてエネルギーがある〉、〈緊張していて疲れている（悪い気分）〉の4つです。一般に軽い運動はすぐにエネルギー・レベルを高めるだけでなく、〈闘争－逃走、すくみ〉反応をやわらげ、筋肉の緊張を解きこころの緊張も解く働きがあります。ひどく落ち込んだときに少し速く歩くと、エネルギーが増して、楽しい気分になれるのです[7]。

　食べものも同じように私たちのエネルギー・レベルに影響を及ぼします。一般に空腹だとエネルギーは下がり、糖分は当座のエネルギーを高めます。ところがエネルギーが低下したときに甘いお菓子を食べると、1時間後にはエネルギー・レベルがお

6　Robert Thayer教授は、気分とエネルギー・レベル、スナック菓子を食べること、運動との関係について研究しました。
7　体を動かせないほど気が重いときは、休息が必要なときです。十分に休息し回復を早めるために、薬が必要なこともあります。医者に相談して、上手に休息をとりましょう。

菓子を食べる前より下がり、緊張は高まり、より疲労感が増すことに気づくことでしょう。

〈緊張していて疲れている〉気分が起こったときの問いかけ

・今はどんな時間帯か？
・最後になにかを食べたのはいつか（どんなものを食べたか）？
・どれだけの時間、座り続けているか（最後に体を動かしたのはいつか）？
・健康状態はどうか？
・ストレスは多いか？
・（女性の場合）月経周期のどのあたりか？
・最近、精神刺激物（アルコールを含む）を用いたか？
・習慣になっている精神刺激物（ニコチン、カフェインを含む）をやめたか？
・最近のエネルギー・レベルはどうか？

　ストレス対処法のなかには、自分の気分や疲れる時間帯を意識して、自己コントロールして元気になる、ということも含んでいます。体に悪い生活習慣を意識して、良い方向へ変えていく一歩を踏み出すならば、一生涯続く健康と幸福が訪れることでしょう。

エネルギー・レベル、気分、ストレスへの反応を書いてみましょう：練習１

> もしもあなたが自分自身を見つめる時間をもったなら、自分についてあまりにもなにも知らないことに気づいて驚くことでしょう。とりわけ自分が考え知っていることが必ずしも正しいとは限らないことに気づいて驚くでしょう。
>
> 学生

　ダイナミック・リラクセーションやイメージをとおして自分を成長させる旅を始める前に、あなたが今、ストレスにどのように反応しているかということに、目を向けてみましょう。そうすることであなたのスタートラインがはっきりして、これからの成長をはかる目安になります。

　私たちはみな忙しい毎日のなかで、多くのストレスにさらされています。仕事のこと、個人的なこと、家庭の問題。あなたにはどのようなストレスがあって、それにどのように対応しているか、自分で意識しているでしょうか。ストレスを感じたとき、自分自身にどんな〈ことば〉をかけ、どのように行動しているのでしょうか。この反応は私たちが思っている以上に、私たちを傷つけているかもしれません。このような行動パターンはずっと以前に身につけたもので、習慣になっていることでしょう。もしもその行動パターンが私たちにとって有用でないなら、学習しなおせばよいのです。

　最低２日、できれば１週間、あなたのストレスを、「記録用紙：エネルギー・レベル、気分、ストレスへの反応：練習１」に書きとめてみましょう。そうすることであなた自身の気づきが深まり、変化し成長しようという意思がハッキリすることでしょう。

　自分を見つめるこの期間中、もしも強い情動の変化を感じたり、体にストレスに対する反応（筋肉の痛み、息が苦しくなる、おなかが苦しくなる、胸がドキドキするなど）をなにか感じたときは、ちょっとメモしてください。どのようなできごとに対して、あるいはどのような感情に対してあなたの体や気持ちが反応したのでしょうか。そしてそのときあなたはどうするのでしょうか。

　この自分自身の観察期間の最後に、メモしたことを「記録用紙　エネルギー・レベ

ル、気分、ストレスへの反応:練習1」を記入しましょう。また「質問　エネルギー・レベル、気分、ストレスへの反応：練習1」に答えてください。グループに参加した後で、「ディスカッションとまとめ　エネルギー・レベル、気分、ストレスへの反応：練習1」に記入してください。

記録用紙

エネルギー・レベル、気分、ストレスへの反応：練習１

お名前＿＿＿＿＿＿＿＿＿＿

　ストレスを感じたとき、すぐに以下のことを書きとめてください。
　ストレスを感じたことと状況、そのときに起きた感情・気分、そのとき考えたこと（こころに浮かんだこと）、エネルギーと緊張の程度、とった行動や体の反応、食べたものなど。もしも足りなければ、もう１枚使って記録してください。
（エネルギー・レベルと緊張は、最低＝１、最高＝５の５段階で表してみましょう。）

ストレスを感じたこと、その状況	そのときに起きた感情・気分	考え（こころに浮かんだこと）	エネルギーと緊張		そのときの体の反応 行動（食べたもの）
			エネルギー	緊張	
仕事でミスをして怒られた。	目の前が真っ暗になった。	またやってしまった。	1／5	4／5	息をのんで、体に力が入った。家に帰ってお菓子をたくさん食べた。

第 1 章　イントロダクション

ストレスを感じた こと、その状況	そのときに起きた 感情・気分	考え（こころに 浮かんだこと）	エネルギーと緊張		そのときの体の反応 行動（食べたもの）
			エネルギー	緊張	

質 問

エネルギー・レベル、気分、ストレスへの反応：練習1

　　　　　　　　　　　　　　　　　　　　年　　月　　日〜　　月　　日
　　　　　　　　　　　　　　　　　　　　お名前＿＿＿＿＿＿＿＿＿＿＿＿＿

1. あなたがストレスだと感じることに、共通点はありましたか？
   いくつでも書き出してみましょう。

2. ストレスを感じたとき、あなたがよくする反応（行動）はどのようなものですか？

3. そのストレスを感じたとき、どのような感情が起こりましたか？

4. そのストレスを感じたとき、体はどのように反応しましたか？

5. 食事や間食の種類と、エネルギー・レベルやストレスの強さには、
   なにか関連がありましたか？

6. あなたの考えや自分自身によく言っている〈ことば〉は、
   あなたの気分や状況に影響しましたか？

7. ストレスを減らすために、あなたは具体的にどんなことができるでしょうか？

ディスカッションとまとめ

エネルギー・レベル、気分、ストレスへの反応：練習1

　　　　　　　　　　　　　　　年　　月　　日〜　　月　　日

　　　　　　　　　　　　　　　お名前＿＿＿＿＿＿＿＿＿＿＿＿

1. グループ・メンバーの話で印象に残ったのはどのようなことでしたか？

2. グループ・メンバーの体験で、あなたの体験と似ているのはどのようなことでしたか？

3. あなたの体験と違っていたのは、どのようなことでしたか？

4. その他、気づいたこと、感じたことは…

第2章
ダイナミック・リジェネレーション[1]

弦を強く張り過ぎた弓は、たやすく壊れるものだ。

――――― *Publilus Syrus*

静かな祈り
　　主よ私に平安をお与えください
　　変えられないことを受け入れ
　　できることは変えていく勇気を
　　そしてそれを見分ける知恵をお与えください

――――― **作者不明**

1　私たちは一般的な〈ダイナミック・リラクセーション〉ということばのかわりに、〈リジェネレーション〉という表現をつかいます。〈リラクセーション〉には〈解放する〉というニュアンスがありますが、〈リジェネレーション〉は〈回復し、よみがえる〉という意味を含んでいます。多くの人が緊張を解くだけでなく、より高く、自分の最高の能力を発揮できるように〈回復する〉ことを求めています。競技選手や企業幹部などでは、自分の最高の力を発揮する練習に〈ダイナミック・リジェネレーション〉という表現をつかっています。

ダイナミック・リジェネレーションへの扉

　まず大切なことは、私たちがいかに体に悪いことをしているかに気づくことです。そうすると、自分の体をいたわれるようになり、行動が変化します。いたわること、やさしくすること、これが癒しなのです。

　ダイナミック・リジェネレーションは、自由自在に意識的にリラックスした状態をつくり、緊張を解き、生まれながらに備わっている体の癒しや回復を促していく能力です。バランス良く働いて休むのが、自然のサイクルです。意識的に体を回復させる時間をとることで、こころ、感情、体、あらゆる〈生きる力〉の蓄えを消耗することなく、自分の最高の力を発揮することができるのです。

リラクセーションの発展

　エドモンド・ジェイコブソンは、筋肉とこころのリラクセーションを習得するために、筋緊張とリラックスを段階的に練習する方法を紹介しました。ジェイコブソンの理論の前提は、筋肉のリラクセーションを意識的に行うことで、交感神経の反応を抑え、神経の緊張を介して起こる〈闘争－逃走、すくみ〉反応を実際に抑えることができるというものでした。交感神経が落ち着くと副交感神経が優位になり、心拍数や血圧を下げ、血管を拡張し、体の各器官をリラックスさせ、体全体を回復させます。自動的に調節されていると思われがちな心拍数や血圧も、コントロールすることが可能なのです。

　疲れ過ぎていたり神経質になったりしている人は、自然にリラックスする方法が分からなくなっていて、どの筋肉に力が入っているのかも気づきにくくなっています。このことは、練習によって再学習することができます。リラクセーションを学ぶ最初の目標は、余分な力が抜けるように、十分にリラックスできるようになることです。日常生活の中で必要以上に筋肉に力が入っていることに気づき、余分な力を抜けるようになります。そしてついには、「リラックスしているのがいつもの状態」になるのです。そしてリラックスしたまま行動する、新しい生活習慣が生まれます。

ダイナミック・リラクセーション[2]を学ぶとき、1回目はリラクセーションのトレーナーに教えてもらうと良いでしょう。トレーナーがいればグループ・ディスカッションや記録用紙のふり返りにも役立ち、セッション中にこころや体に変わったことが起こらないかを見てもらうことができます。もしもひとりでこの練習をする場合は、なにか変わったことが起きないかどうかに注意して、第1章の「注意」をよく読んでから行ってください。

〈ちょっと体験：体半分だけリラックスする〉をやってみると、リラクセーションの効果が体験できることでしょう。この練習でどこかの筋肉に力を入れるよう指示されたときに、その他の筋肉は力を抜くようにしてください。約10秒間筋肉に力を入れた後、力を抜くように指示されたときは、すぐに全部の力を抜いてください。そして体の他の部分に起こってくる変化を感じる間、20秒くらいリラックスしたままでいてください。気が散ったら、もう一度気持ちを集中させてください。文章中「…」とあるところは、体験していることを感じられるように少し間をとりましょう。練習の効果を体験するために、次の文章を誰かに大きな声で読んでもらうか、自分でテープに吹き込んでやってみましょう。

ちょっと体験

体半分だけリラックスする

ラクな姿勢で立ち、腕の力を抜いてみましょう。あたりをゆっくり歩いてみましょう。そして関節の動きを感じてみましょう。スムーズな動きを感じてみましょう…。さあ、今度は座ってみましょう。手は膝の上において、目は軽く閉じて、体の力を全部抜いて、ゆったりとイスに座ってみましょう…右手を膝の上に置いたまま右の手首をそり返らせて、指を天井に向けてみましょう。呼吸はゆっくりと続けたままで、左腕、首、肩、脚はリラックスしたまま…はい、右手の力を全部抜いて、ももの上にポトンと落としてみましょう…今度は右手をももに押しつけてみましょう。脚やおしり、首、肩は力を抜いたまま、呼吸はゆっくり続けて…はい、力を全部抜いてリラックスさせていきましょう…呼吸はラクに続けて、体中の力は抜いたまま、右手をももから15cmほど上げて、思いっきり力を入れてつっぱってみましょう。腕に力が入っている感じを味わって、首やあごは力を抜いた

2　Joel Levey's ：The Fine Arts of Relaxation, Concentration and Meditation. London, Wisdom, 1987. より、ダイナミック・リラクセーションという表現を借用。

まま…はい、力をすっかり抜いてみましょう。右手をポトンとももの上に落としてみましょう…今度は右の肩を前に出してみましょう。呼吸はラクに続けたまま、おしり、脚、あご、首の力は抜いたまま…はい、力を抜いて…

　今度は右肩を下に下げてみましょう。呼吸はしずかに続けたまま、左肩、腕、脚、背中の力は抜いたまま…はい、力を抜いて…右肩を後ろに引いてみましょう。呼吸はゆっくり続けて、背中の力は抜いたまま…はい、力を抜いて…今度は右肩を耳につけるような感じで上げてみましょう。首や顔、目、あご、足の力は抜いたまま…はい、力を抜いてみましょう…右の肩から指先までの感じをよく味わっておきましょう。

　次に、気持ちを右足に向けてみましょう。呼吸はラクに続けて、体中の力は抜いたまま、右足に力を入れて床を踏みつけてみましょう…はい、力を抜いて…今度は右足のかかとを床に押し付けながら、右の足首を曲げて足の指先を上げてみましょう。おなか、背中、首、肩、腕、左脚は力を抜いたまま…はい、力を抜いて…今度は、右足の先を上げて左を向けて、脚やももが引っ張られる感じを味わってみましょう。呼吸はゆっくり続けて、目、あご、体のほかの部分は力を抜いたまま、リラックスして…はい、力を抜いて…次は、右足の先を上げて右を向けてみましょう。左脚、おしり、体のほかの部分は力を抜いたまま…はい、力を抜いて…今度は、右足を指の先までピンと伸ばしてみましょう。呼吸はラクに続けて、肩、背中、腕は力を抜いたまま…はい、力を抜いてリラックスしてみましょう…

　次に、右足を床から少し浮かせて、足首をまわして空中で円を描いてみましょう。そのとき体は力を抜いたまま…足首をまわしたときの右脚の筋肉の緊張を感じながら、続けてみましょう…今度は、足首を反対にまわしてみましょう。呼吸はラクに続けたまま…はい、足首をまわすのをやめて、力を全部抜いて、足を床にポトンと落としてみましょう…右足の力がすっかり抜けて、リラックスしているのを感じてみましょう…

　今度は右手をももから少し離して、手首をまわしてみましょう。手首をまわすとき、脚、おなか、首、肩、あご、目は力を抜いたまま。指が円を描くように、ゆっくりと手首をまわしてみましょう…手首をまわしたときの腕の筋肉の緊張を感じながら、続けてみましょう…今度は反対にまわしてみましょう。呼吸はラクに続けたまま…はい、手首をまわすのをやめて、力を全部抜いて、手をももにポトンと落としてみましょう…そして右手の力がすっかり抜けてリラックスしているのを感じてみましょう…

　息を吐くときに、息が右手と右脚のなかを通って、手足の先から出ていくイメージをしてみましょう…そのイメージを続けたまま、右手、右足の感じを味わってみましょう…

　体の右側と左側の感じの違いに、注意を向けてみましょう。左右の手足の感じの違いを感じてみましょう…右側と左側、どちらが軽く感じるでしょうか？　いきいきしている感じがするのはどちらでしょうか？　血の流れをよく感じられるのはどちらの側ですか？　どちらの肩のほうが広く感じますか？　おしりから遠くに感じられるのは、どちらの足でしょうか？　手はどちらのほうがあたたかいですか？　手足の指に脈拍がよく感じら

れるのはどちら側でしょうか？…
　さあ、目は軽く閉じたまま、ゆっくりと立ち上がってみましょう。そして、体全体のバランスを感じてみましょう。どちらかに傾いているような感じはありませんか？　少し、ゆっくりと歩いてみましょう…関節がゆるくて動きやすい感じがするのは右ですか？　それとも左ですか？…ゆっくりと座ってみましょう。

＊注意＊　もしも体の左右の感じの違いが不快であったら、すぐに体の左半分にも力を入れてみましょう。しばらくそのままにしておいて、それから一度に力を全部抜いてみましょう。

＊解説＊　この練習の最後に左右の体の感じを比べてみると、右と左とには明らかな違いが感じられるでしょう。一般的には、右側がより力が抜けていてやわらかく、リラックスしていて重く感じたり、いきいきしているように感じたりします。同じように立ち上がって歩いたときには右側の関節のほうがスムーズに動くように感じます[3]。ほんの短いリラクセーションの練習でも、これだけの効果があるのですから、もっと長い時間をかけてリラクセーションの技術を身につけた人が、たとえば「高かった血圧が下がった」「よく眠れるようになった」「イライラしなくなった」と、驚くほど健康的になったと報告しているのは不思議なことではないのです。

リラクセーションの練習を始めるにあたって

　リラクセーションの練習を進めるうえでの目標は、特定の筋肉に力を入れたり、リラックスさせたりできるようになること、必要以上に筋肉に力が入っていることに気づけるようになること、そしてこころが落ち着いた〈受身の状態〉に保つ能力を身につけることです。

3　一般的に、利き腕の側のほうが、この左右差を感じやすいものです。左利きで左右の違いがあまり感じられなかった方は、時間をあけてから〈体半分だけリラックスする〉練習を〈左〉に置きかえて試してみましょう。

❀ 予想される問題と解決方法

　練習を始める前に、予想される問題とその解決方法について述べた次のリストを読んでください。もしあなたが同じような体験をしたときには、もう１度これを読み返してください。

1. 筋肉のけいれん：力を入れるのをやめてリラックスしましょう。
2. 特定の筋肉に力を入れること、リラックスすることがむずかしい：手でその筋肉をさわり、緊張を手で感じながら力を入れてみましょう。
3. おかしくなる、人目が気になる：ひとりで練習してみましょう。
4. 集中力が続かない：そのときに起こっている感じをはっきりさせるために、声に出して言ってみましょう。
5. 眠くなる：十分な睡眠をとり、違った時間帯に練習してみましょう。また立ったまま練習する、時間を短くするなどの工夫をしてみましょう。
6. 体のある部位がおかしくなった、むくんだ：その部分のリラクセーションを行うときに、目を開けて体の部分をチェックしてみましょう。
7. あなたの練習していることに家族の理解がない、否定的、練習のジャマをする。あなたにとって役に立ったことを話したり、リラクセーションにはストレスを軽減し健康を増進する効果があることを教えてあげましょう。
8. 怒りや悲しみなど、いやな感情がわきあがってくる。これは以前に無意識に閉じ込めていた感情が、体がリラックスしたときに出てくるものなので、良いとか悪いとか評価しないで、受け入れるようにしましょう。ゆっくりと呼吸を整えましょう。信頼できる人に話すのも良いでしょう。
9. 感情の起伏や痛み、恐れなどが大きくなる。しばらくの間練習を休み、それから注意して始めてみましょう。そうでなければ専門家に相談しましょう。

練習を効率的に進めるために

　多くの人が、リラックスするのはテレビを見ているときや友達といるとき、音楽を聴いているときだと考えていますが、これは正しくありません。体全体をよみがえらせ癒しに導く筋肉の深いリラックス状態はこれとは別の違うものなのです。筋肉が十分リラックスすれば、体全体のバランスがもどってくるでしょう。心拍数、血圧、呼吸、消化、代謝などが本来のリズムを取り戻し、免疫機構の自己正常化が働き、体全体がよみがえってくるでしょう。

　ストレスをためない方法を身につけるためには、リラックスしている状態をつくることが大切です。それは体と環境だけでなく、こころと内面にも、余分な刺激のない良い状態をつくることです。あなたに「こんなふうにしたらうまくいく」というものがあれば、それを利用することもできます。

❀次の条件に合う場所を選んでください。

1. 練習を始めたらジャマされないところ。
2. なるべく静かなところ。
3. 明る過ぎないところ。
4. 適当な温度。
5. 心地よく安定したイス、ベッド、カーペットの上など。

　できるだけ心地よい姿勢を選んでください（すぐ眠ってしまう人、とても疲れている人は、横になるより座って練習したほうが良いでしょう）。

1. 横になるなら、体がラクなように枕やクッションを当てる工夫をしてください（図2-1）。脚は組まないでください。

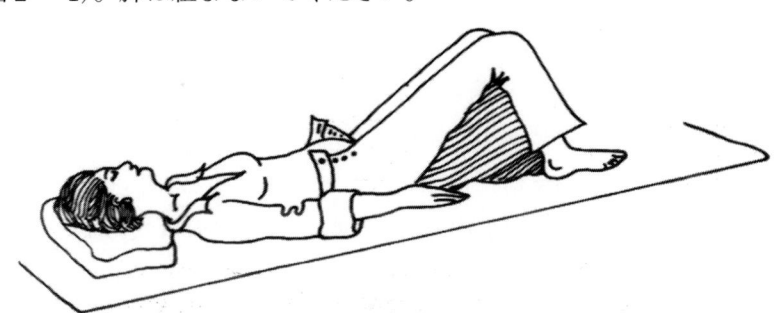

図2-1　横になったときのリラクセーションの姿勢

2. 座って練習するときは、リラックスしても滑り落ちないように安定したイスで（図2−2）。両足が床についてモモに負担のかからない高さのものを選んでください（もしもイスが高すぎたら脚の下に電話帳などを置いて調整しましょう）。脚は組まずに両足が少し離れている状態にしてください。

図2-2　座ったときのリラクセーションの姿勢
肘掛けや背もたれがあると良いでしょう。

✤体に刺激になるもの、締めつけているものを取り除いてみましょう。

　締めつけられているところがあるとそれが気になってリラクセーションのジャマになることがあります。クツ、メガネ、きつい服、時計、アクセサリー、ポケットの小銭入れや鍵、ベルト、ブラジャー、ジーンズなど、体を締めつけたり刺激になったりしているものはないでしょうか。入れ歯やミニスカートもリラクセーションのジャマになることがあります。

　トイレに行きたいとき、空腹や満腹のときはリラックスしにくいです。疲れ過ぎているときには眠くなったり、あるいは気持ちが落ち着かず緊張したりします。リラクセーションの前、少なくとも2時間はカフェインを控えてください。

　リラクセーションの練習で、大切な心構えがあります。それは次のようなことです。

1. 受動的な集中状態（passive attention）
   　自分でなんとか結果を出そうと意気込むのではなく、起こることをそのままに感じて受け取っていくことが大切です。
2. 評価せず受容すること
   　体験したことを説明したり解釈したりせず、〈良い〉〈悪い〉とレッテルを貼らずに、そのまま受け入れることが大切です。「なぜなら」「〜すべき」「その理由は」というようなことばはつかわないで、ひとつの体験を他の体験と比較せずにそれぞれ新しいものとして受け入れることです。なにか考えや感じが起こってきたならば、それをどこかへ押しやるのではなくそのまま受け入れ、その思いを大切にしていくと良いでしょう。
3. 「今ここ」にこころをとめおくこと（マインドフルネス）
   　今ここで起こっていることを感じ、見つめていくことが大切です。今ここに生きるということは、イメージや感情にとらわれず、予期不安をとらず、幻想に溺れず、こころがうわついたりしないということです。

ひとりで練習するとき

> 優しい言葉、心地よい言葉、励ましの言葉を、自分に言ってあげたことなど、今までありませんでした。
>
> 参加者

自分のオーディオ・ファイルをつくりましょう[4]

　リラクセーションの練習にはそれぞれ〈語りの文章〉があって、朗読しても、録音してもできるように構成しています。自分だけのリラクセーション用ナレーションをつくって録音（MP3 ファイル、テープなど）すると、必要に応じた語りができます。好きな音楽や波の音や鳥のさえずりを BGM で小さく流すのも良いでしょう。〈語りの文章〉よりも自分に合ったことばがあれば、置き換えてみるのも良いでしょう。

　「自分の声を聞くのはどうも…」と言われる方の多くが、しまいには自分の録音を楽しむようになります。ある女性はオーディオ・ファイルを自分でつくるとき、適当な間を取ることで、「人との会話でも相手の言うことにもっと耳を傾けることが大切だ」と気づき、今まで〈走るように生きてきた〉人生のペースを落とすようになりました。

❋「自分だけのリラクセーション」を録音するコツ

1. 大きな声で読む練習をし、録音するときは、実際にその練習をしているようなつもりで、読んでみましょう。
2. 腹式呼吸をしながらゆっくりと話しましょう。
3. 筋肉に力を入れた後の脱力には十分な時間をとりましょう。筋緊張が 10 秒で脱力に 20 秒がひとつの目安です。〈語りの文書〉に「…」というところがあれば、何秒かの間合いをとってください。録音も初めはうまくいかないのが当たり前です。

4　アイ・プロジェクト統合医療研究所のホームページから、オーディオ・ファイルのサンプルが無料でダウンロードできますので、ご利用ください。URL：http://www.i-hi-med.com/

リラクセーションを進めるための「私の方法」

「こうしたらリラックスできる」という自分なりのものがあれば、より速くより深くリラックスすることができます。たとえば次のようなことです。

- お気に入りのイスに座る。
- ろうそくを灯したり、お香を焚く。
- ゆっくり深い呼吸をする。
- しずかで穏かな音楽をかける。
- かわいがっている動物やブランケットなど、好きなものを近くに置く（パブロフの練習、第2章リラクセーション・イメージをつくる：練習4、p.64参照）

リラクセーションの一般的な注意

1. 毎日20〜30分の時間をとって練習してください。この時間は体とこころがリラックスしてよみがえるための〈休憩時間〉と考えましょう。
2. 筋肉に力を入れるとき、リラックスさせるとき、その筋肉に意識を集中してみましょう。
3. 呼吸はラクに、自然に続けましょう。
4. 力を入れるよう指示された筋肉だけに力を入れるようにして、体の他の部分はリラックスさせておきましょう。
5. 練習の後、すぐに記録用紙に記入しましょう。夢を見たり、なにか大切なことがわきあがってきたりしたときも、それを書きとめておきましょう。

ダイナミック・リラクセーション：練習2

　この章の練習はダイナミック・リラクセーションと腹式呼吸へとあなたを導きます。ひとつひとつの練習を毎日行い、1週間続けてください。〈語りの文書〉を覚えるか、誰かに読んでもらうか、テープに録音して練習すると良いでしょう。毎日の練習の後、体験したことを「記録用紙：ダイナミック・リラクセーション：練習2」に記入し、1週間の終わりにはその記録用紙を読み返して「質問：ダイナミック・リラクセーション：練習2」に答えてください。グループに参加した後で「ディスカッションとまとめ：ダイナミック・リラクセーション：練習2」に記入してください。

　今まで体験された方たちからのアドバイスをお伝えしておきましょう。

❈ 体験者からのアドバイスより

- あまり期待しないで、好奇心をもってやるのが良いでしょう。
- 練習を義務と考えないで、〈楽しみ〉、〈ちょっとの休憩〉と思うようにします。
- 遊びごころをもってすること。
- 時間や場所などをいろいろ変えてみて、どれがいちばん自分に合っているかどうかを見つけます。家以外で練習するのもひとつの方法です。
- いちばん大変な練習は1日20〜30分かかるでしょう。でもきっとあなたのためになるということを忘れないでください。やる気力がなえてきたときは、毎週自分に〈ごほうび〉をあげると良いでしょう。
- 録音して練習するのがイヤなら、暗記してしまうと良いでしょう。そうすると、後でその技術を応用するのに役立ちます。
- グループ・ディスカッションで仲間の存在に助けられました。私の体験が誰かの役に立ち、私も解決のヒントを見つけて安心しました。
- いつも体のどこが緊張しているのかを自覚して、その部分のリラクセーションに時間をかけました。その硬くなっている筋肉から息を吹き出すようにイメージしてみました。

ダイナミック・リラクセーション　練習2

　あなたにあったやり方で、リラクセーションへの旅をはじめましょう…大切なのは"上手にやること"ではなくて、ただ導かれるままに、自分の体になにが起こっているのかを味わい、しずかに気づいていくことです。

　この〈語りの文章〉の（…）の部分では、少し間をとって体に起こっている感じを味わってみましょう。筋肉に力を入れるのは10秒、力を抜いてリラックスするのには20秒ほどの時間をとってみましょう。

　ゆっくりと目を閉じてみましょう。座っていれば、両手を膝の上においで、横になっていれば、両腕は脇にラクにしておきます。まず、右の手首をそり返らせて、指が上を向くようにしてみましょう。もっともっとしっかり曲げて、手の筋肉に思い切り力を入れてみましょう…呼吸はゆっくりと深く、腹式呼吸をしながら、唇を少し開いてみましょう…しずかに口から息を吐いて、そのとき"はぁぁぁ"と小さな声を出してみましょう…体の他の部分は力を抜いたまま…力を入れた手の感じをよく味わってみましょう…はい、力を抜いて…手首を曲げたときと、力を抜いたときの手の感じの違いを味わっておきましょう…力を全部抜いて、リラックスしたまま…もしも気が散ってなにかを考えていれば、こころをしずめてすっかりリラックスしている手の筋肉に気持ちを集めてみましょう。

　さあ今度は両手の手首をそり返らせてみましょう。力を入れたその感じを味わってみましょう…呼吸はゆっくりと腹式呼吸で…体のその他の部分はやわらかく力を抜いたまま…はい、力を抜いて…力を抜いたその感じをよく味わっておきましょう…

　今度は両方の肘を曲げて、手首を肩に近づけてみましょう。腕と手首には力を入れて、指はリラックスさせたまま…力を入れた感覚をよく味わっておきましょう…ゆっくりと深い呼吸をしましょう…首やあご、体のその他の部分は力を抜いたまま…はい、力を全部抜いて、体の脇か膝のうえに落としてみましょう。力が入っている感じと力が抜けた感じとの違いをよく味わっておきましょう…

　今度は両腕を前にまっすぐ伸ばして、腕のつけ根の後ろに力を入れてみましょう…手、脚、あごは力を抜いたまま、腕に力を入れたその感じを味わってみましょう…はい、腕の力を抜いてポトンと落としてみましょう…重さとあたたかさが腕全体に広がっていくのを感じてみましょう…力が抜けてリラックスすればするほど、腕が重く、あたたかくなるので、それを感じてみましょう…

　さあ今度は思いっきり顔をしかめてみましょう。身体の他の部分はリラックスしたまま…はい、力を全部抜いてリラックスして…今度はまゆを上げてひたいにしわをつくってみ

ましょう。舌やあご、首は力を入れずに…呼吸はゆっくり深くしてみましょう…ひたいに力が入っている感じを味わってみましょう…はい、力を抜いて…力を抜いたラクな感じを味わっておきましょう…

　今度は眼をギュッと閉じて…眼のまわりの筋肉に力を入れてみましょう…舌やあご、背中や首、その他の身体の部分はリラックスしたまま…はい、眼は閉じたままで、眼のまわりの緊張をゆるめてみましょう…力を抜いたその感じをよく味わっておきましょう、力を入れたときとの違いをよく感じておきましょう…

　今度は歯を食いしばって…あごの緊張を感じてみましょう。呼吸はゆっくリラクに続けたまま…はい、力を抜いて。唇を少しゆるめて、しずかに「はぁぁぁ」と言いながら、口から息を吐き出してみましょう…

　今度は首に力を入れてみましょう…あごは力を抜いてリラックスしたまま…ゆっくりとラクに呼吸をしながら、首に力が入った感じを味わっておきましょう…はい、力を抜いて…

　今度は肩を耳のほうに上げて…顔、首、体の他の部分は力を抜いてリラックスしたまま…肩だけ緊張している、その感じを味わってみましょう…はい、力を抜いてリラックスして…少しずつ深いリラクセーションに入っていきます…背中、首、のど、あご、顔と、リラックスした感じを広げていきましょう…どんどん深めていきましょう…体にかかる地球の重力を感じてみましょう…

　できるだけ大きく息を吸って、そこで止めてみましょう。あご、手、おしり、脚は力を抜いてリラックスしたまま、おなか、胸、肩に力が入っているのを感じてみましょう。息は止めたまま、肩の力を抜いてリラックスさせてみましょう…はい、息を吐いて力を抜いてリラックスさせて…普通の呼吸にもどってみましょう…息を吐くたびにだんだんとリラックスしていくのを感じてみましょう…胸の力も抜いてそっと息を吐いてみましょう…吐く息に注意して、吸うのは自然に任せましょう…

　もう一度、大きく息を吸って止めてみましょう…息は止めたまま、首や肩の力は抜いてリラックスさせて…はい、息を吐いて力を抜いて…すっかり力が抜けた体の感じを味わっておきましょう…リラックスした感じを肩、首、背中、腕にも広げていきましょう…

　今度はおなかに力を入れてみましょう…おなかを殴られたときのように、おなかの筋肉に固く力を入れて、体の他の部分は力を抜いたまま…はい、力を抜いて、リラックスさせて…体がリラックスしているときの心地よい感じを、よく味わっておきましょう…

　今度はおなかをへこませてみましょう…はい、力を抜いてリラックスさせて、ラクに呼吸をしてみましょう…息を吸って…吐いて…息を吸うときに下腹が膨らむのを感じて…息を吐くときにへこむのを感じてみましょう。息を吐くとき、体中の力が抜けてだんだんとリラックスしていきます…腕や脚の重さを感じてみましょう…

腰骨はカーブしているので背中とイスや床との間にはすき間があります…さあ、背骨と背中の緊張を感じてみましょう。脚や体の他の部分は力を抜いてリラックスしたまま…はい、力を抜いてリラックスしていきましょう。背骨や背中がいすやマットにゆったりとしずんでいくのを感じてみましょう…上半身がとてもリラックスして、重く感じられるのを、よく味わっておきましょう…

今度はつま先を下に曲げてピンと伸ばしてみましょう…呼吸はラクに続けて、体の他の部分は力を抜いてリラックスしたまま…はい、力を抜いて…足をゆっくりと床から少し浮かせてみましょう。呼吸はゆっくり続けたまま…はい、力を抜いて、脚をダランとしてみましょう…

しずかに気持ちをおなかに集めて、おなかの動きを感じてみましょう…息を吸ったときにおなかが膨らみ、吐いたときにへこむのを感じてみましょう…しばらく、おなかの動きを感じてみましょう。もしも気が散ってなにか考えてしまうなら、こころをしずめて気持ちをおなかの動きに集めてみましょう…

もう十分だと思えば、自分の体に合わせてひとつ大きく深呼吸をしてみましょう。そしてゆっくり立ち上がって伸びをしてみましょう。しずかに眼を開けて、今の感じ、まわりから受ける感じをよく味わってみましょう。気持ちは落ち着いているでしょうか、安心した感じはありますか。周囲の明るさ、透明感、輝き、いきいきとした感じ、深さが今までとは違っていることに気がつくでしょうか。

❖ さらにリラクセーションを進めたい人に：

　数日間練習した後、瞑想、祈り、なにかの練習などの前か後にダイナミック・リラクセーションを試してみてください。そしてこの効果を感じてください。ダイナミック・リラクセーションをさらに進めていくと「瞑想や祈りが深くなった」と、多くの人が報告しています。反対に、スポーツなどの練習の後にリラクセーションをすると「回復が速くなった」と、多くの人が報告しています。

　毎日この練習を行った後、「記録用紙　ダイナミック・リラクセーション：練習2」に記入しましょう。もしもあなたの体験がしっくりこなかったり、身体やこころに負担を感じたりしたならば、第1章の〈練習を始めるにあたっての注意〉(p.17)を読んで下さい。1週間の終わりに、「質問　ダイナミック・リラクセーション：練習2」に答え、グループに参加した後で「ディスカッションとまとめ　ダイナミック・リラクセーション：練習2」に記入して下さい。

記録用紙

ダイナミック・リラクセーション：練習2

　　　　　　　　　　　　　　　年　　月　　日～　　月　　日
　　　　　　　　　　　　　　　お名前＿＿＿＿＿＿＿＿＿＿＿＿

　毎日の練習の後、①リラクセーションをしたときの状態（あなたの気分、場所、座っていたか横になっていたかなど）、②リラクセーションしている間か、終わったすぐ後のあなたのこころと体の感じについて、書いてください。

1日目
_____

①

②

2日目
_____

①

②

3日目
_____

①

②

4日目

①

②

5日目

①

②

6日目

①

②

7日目

①

②

リラクセーションの練習を始めるとき、あなたはどのような準備をしていますか？

質　問

ダイナミック・リラクセーション：練習２

　　　　　　　　　　　　　年　　月　　日〜　　月　　日
　　　　　　　　　　　　　お名前＿＿＿＿＿＿＿＿＿＿＿＿

1. リラクセーションの練習をして良かったことはありましたか？

2. どのようなことに気づきましたか？

3. 困ったこと、うまくいかなかったことはありましたか？

4. その問題を、どのように解決しましたか？

5. その他、感じたことなど…

ディスカッションとまとめ

ダイナミック・リラクセーション：練習2

　　　　　　　　　　　　　　　　　　年　　月　　日〜　　月　　日
　　　　　　　　　　　　　　　　　　お名前＿＿＿＿＿＿＿＿＿＿＿＿

1. グループ・メンバーの話で印象に残ったのは、どのようなことでしたか？

2. グループ・メンバーの話で、あなたの役に立ちそうなことは
　 どのようなことでしたか？

3. その他、気づいたこと、感じたことは…

呼吸：こころと体をつなぐ架け橋[5]：練習3

> 呼吸はこころと体が密接につながっていることに気づかせてくれる掛け橋
> *Thich Nhat Hanh*

> どんな呼吸をしているかを見れば、どんな生活や生き方をしているか分かる。
> *Anonymous*

　次の言葉を読んでみてください。「息が合う」「息がかかる」「ひと息入れる」「息をつく」「息を抜く」「息を殺す」「息をのむ」「息切れする」など。私たちが日常的につかっているこのような言葉は、〈感情〉と〈呼吸〉が深く関係していることを示しています。

　呼吸は意識的にも無意識的にもすることができるので、リラクセーションの基本となります。呼吸を自分で整えることを身につければ、〈闘争－逃走、すくみ〉反応のスイッチを切ることができます。ゆっくりとした深い腹式呼吸は体を整え、よみがえらせます。腹式呼吸は、息を吸うときにおなかが外に膨らみ、吐くときに平らになる呼吸です。リラックスしているときや穏やかな気分のときは、この腹式呼吸をしているものです。深い腹式呼吸は酸素をたくさん吸って頭がスッキリするだけでなく、交感神経を鎮めます。交感神経は筋肉を緊張させ心拍数や血圧を上げ、イライラさせる働きをもっています。呼吸を整えるのは意識的にできることなので、どんなときでも2、3回しずかな呼吸をすることでリラクセーションを行い、恐れや怒りの感情を和らげることができるのです。

　3つの異なる呼吸パターンとそれに関連する感情を、つぎの〈ちょっと体験：いやな感じと笑い〉で試してみましょう。

5　Erik Peper：Breathing for Health, Montreal: Thought Technology, 1990. より

ちょっと体験

いやな感じと笑い[6]

● いやな感じを引き起こす：

　イスに浅く腰掛けて、口をあけて口から勢いよく息を吸い込んで吐いてみましょう。目は開けたまま、呼吸を細く不規則にしてみましょう。体に力を入れて、なにかの攻撃から逃れるように、少し後ろにそりかえってみましょう。1分ほどこの呼吸を続けながら、どんな感じがしてくるか味わってみましょう。この感じはあなたがコンピュータで仕事をしているとき、車の運転をしているときの感じと似てはいませんか？　あなたがいつも苦痛に感じている症状が少し増すようであれば、このような呼吸や姿勢があなたの緊張を増しているのでしょう。

● しずかに呼吸をして、あらい呼吸を整える：

　鼻で規則的に息をしてみましょう。少しほほえむような感じで、目は開いたまま、目のまわりはリラックスさせておきましょう。頭をすこし片方にかしげてみましょう。体はゆったりリラックスさせたままにしておきます。そのまま、10回ほどゆっくり呼吸をしてみましょう。毎日何回も、このように落ち着いた気持ちで、呼吸をしてみましょう。

● 笑って元気になる：

　鼻から勢いよく息を吸って、吐くときは口から「は、は、は、は、は」と、とぎれとぎれに吐いてみましょう。息を吐くときに唇を横にひいて、口のはしを少し上に上げてみましょう。同時に、目は半分閉じて、体はリラックスしたまま、首の力を抜いて、頭を少し後ろに倒してみましょう。「は、は、は、は、は」と声を出しながら、少し楽しくなってくるまで、この呼吸を続けてみましょう。

＊解説＊　このように、ある特定のパターンの呼吸をすると、それにともなって特定の感情が起こることが多いです。「呼吸は感情を整える働きをもっているだけでなく、強い表現手段」なのです。

6　Bloch, Lemeignan, Aguilera：仕事. 1991. より改変

呼吸は人間が生きていく、その基礎となる部分です。どのような呼吸をしているかということは、私たちの体、こころ、無意識にまで影響しています。しかし、自分の呼吸パターンを意識していない人が多いようです。呼吸は意識的にも無意識的にもすることができるので、意識と無意識とをつなぐ架け橋であり、こころと体とが密接に関係していることに気づく、その入り口でもあります。呼吸はあなたのこころと体の両方の状態を反映しています。しずかな呼吸をすると体が鎮まるだけでなく、こころも落ち着いてきます。スポーツ選手や音楽家などの多くは、自分の最大限の能力を発揮するための基本的な訓練として、腹式呼吸を利用しています。腹式呼吸はあなたのすべての生活場面で良い影響を与えてくれます。

呼吸の生理

　私たちは呼吸を自然に、無意識にしています。赤ちゃんや子どもは、ラクに呼吸しています。子どもの呼吸は腹式呼吸が多いです。息を吐くときにおなかが少しへこみ、吸うときにはおなかが外に少し膨らむという呼吸法です。ところが大人になると、この体に良い呼吸をしなくなってしまいます。腹式呼吸のかわりにおなかをひっこめたまま（「背中を伸ばして、おなかをひっこめて立ちなさい！」と言われてきたように）前かがみになって、上半身の筋肉（呼吸の補助筋である斜筋と僧帽筋上部）をたくさんつかって息を吸います。
　呼吸をするのに主要な働きをしているのが横隔膜という、肺とおなかの間にあるドーム状の筋肉です。息を吸うときは肋骨の下のほうが開き、横隔膜は下に下がって平らになります。そうすることでおなかの内臓を下に押し下げ、胸のなかに大きなスペースをつくるのです。すると胸の中の圧力が外気よりも小さくなるので、バランスをとるため息が胸のなかに入ってきます。息を吐くときは横隔膜が上に上がり、胸の中の空気を圧迫して外に押し出すのです。息を吸うときにはおなかの力を抜いて膨らませることが必要で、吐くときにはおなかをひっこめることが必要なのです。

非機能的（不健康）な呼吸のパターン

> 私は自分が日常生活で息を止め、体の緊張を高めている瞬間がどれほど多いかということに気づきました。恐れや痛みで息を止めることに焦点を当てて練習したところ、息を止めずに呼吸し続けることができるようになりました。この練習は私に自信を与えてくれました。　　**学生**

息止めや病気に関係する呼吸パターンには、大きく分けて2通りあります。胸式呼吸と浅く速い呼吸（過呼吸）です。どちらも息をのむような場面で起こり、十分に息を吐けない状態が続き、ため息で終わります。〈ちょっと体験：全部息を吐かない〉をやってみましょう。

ちょっと体験：全部息を吐かない

いすにラクに座って、吐く息を今までの70%だけにしてみましょう。吸った息の70%だけ吐いてください。息を吸って70%吐くという呼吸を続けてみましょう。もし苦しくなってため息をつきたくなれば、一度大きく息を吐いて、そしてまた吸った息の70%だけ息を吐く呼吸を続けてみましょう。45秒間この呼吸を続けて、それから体の力を全部抜いてリラックスして、普通の呼吸にもどりましょう。

＊解説＊　この呼吸をすると、ほとんどの人が「気分が悪くなった」と言います。軽い頭痛、めまい、怒りの感情やパニック発作、首や背中、肩、顔の緊張、神経の緊張、動悸、心拍数の増加、あせりやイライラ感、のぼせやひりひりした感じ、息苦しさ、息をのんだり息を吸おうと努力したり、胸に圧迫感を感じたり、もっている症状（たとえば、頭痛、関節痛、癒えていない傷の痛みなど）が増悪します。わずか45秒間の呼吸でこのような変化が起こるのですから、いつも良くない呼吸を続けていたならば病気発症の大きな誘因となることでしょう。反対から言えば、ラクな腹式呼吸をすることが健康を促進させるのです。

胸式呼吸は浅い呼吸で、〈息止め〉がその特徴です。この呼吸は、驚いたとき、ハッとしたとき、怖い思いをしたときに〈息をのむ〉ように、自分でも気づかないうちに始まります。知らないうちにおなかに力が入り、胸の上のほうで呼吸し始めます。この呼吸をしていると心拍数増加、血圧上昇、胃腸症状、喘息などの呼吸器症状、首や肩の痛みなどの身体症状が起こります。〈ちょっと体験：針に糸を通す〉で試してみましょう。

ちょっと体験

針に糸を通す

　ラクに腰かけて、左手の親指と人差し指で一本の小さな針をもっているとイメージしてみましょう。右手には細い白糸をもっています。これからこの糸を針の穴に通します。針と糸をもっているつもりで、手を目の高さまで上げてみましょう。針の先と糸に集中してみましょう。糸の先をなめてぬらして、針の穴に糸を通してみましょう。

＊解説＊　針に糸を通すとき、息を止めていませんでしたか？　肩に力が入っていなかったでしょうか？　なにかにものすごく集中したとき、ほとんどすべての人が張り詰めた状態になって息を止めます。息を止めると体の活動が安定し、聴覚が鋭敏になりますが、〈闘争－逃走、すくみ〉反応の状態におちいり、結局は疲れてしまいます。コンピュータのマウスを操作するとき、コンピュータ・ゲームのようになにか視覚的な刺激を受けるときなど、同じような反応をしているものです。腹式呼吸をすることで、この体に悪い緊張状態を解くことができます。習慣的にこの〈息を止める〉呼吸をしていると、病気になりやすくなります。毎日記録をつけて自分がどんなときに息を止めているのかを観察してみると良いでしょう。

　胸式の浅い呼吸は過呼吸につながります。過呼吸は速く浅い呼吸が続いた後、ため息で終わるような呼吸です。過呼吸をすると血液中の二酸化炭素（CO_2）が少なくなりすぎて、アルカリ性に傾きます。怒り、恐怖症、めまい、高血圧といった症状は、どれも過呼吸に関係しています。「過呼吸はなにか起こったときなどの特別な呼吸だ」と考えている人が多いようですが、実は気づかないうちに習慣的にしていることが結

表 2-1　日常的に過呼吸をしている人の症状

呼吸器系	喘息、胸部圧迫感、呼吸困難感（息苦しさ）、ため息やあくびが多い、乾いた咳、浅い呼吸
循環器系	動悸、頻脈（脈拍が速くなる）、胸痛または狭心痛、レイノー病（手足の血管の過収縮）
神経系	めまい、失神、片頭痛、しびれ、光や音に対する過敏性
消化器系	消化不良（ものが飲みこみにくい）、口の乾き、ガスが多い、ゲップ、ヒステリー球（のどのあたりのなにかつかえている感じ）、おなかの不快感
筋肉系	けいれん、震え、引きつり、筋肉の痛み
心理的	緊張、怒り、恐怖症
その他	疲労感、気力が出ない、体が弱い、集中力や記憶力の低下、睡眠障害、悪夢

ルム L. C：習慣性慢性過呼吸症候群．ロンドン，1976 年．より改変

構あります。イギリスの著明な医者であるクラウデ・ルムとペーター・ニクソンは、「この呼吸パターンは目立たないが、ほんの少しだけ過呼吸気味の人は慢性的に二酸化炭素を吐き過ぎているので、長い目で見ると体になんらかの悪影響を及ぼすだろう」と書いています。

　日常的に過呼吸をしている人の症状（表 2 − 1）に示したとおり、慢性的過呼吸によってさまざまなこころと体の状態が引き起こされます。

腹式呼吸の良い点、胸式呼吸の悪い点

　私たちの体は、神経によって調節されています。そのうち交感神経という神経が呼吸に密接に関係しています。胸で速く浅い呼吸をすると（胸式呼吸）、交感神経は活発に働き出します。すると心拍数が増え、血圧が上がり、手足は冷たくなり、手には汗をかきます。習慣的にこのような呼吸をしている人はパニックの状態におちいりやすく、過呼吸の症状を体験することもあるでしょう。そして心筋梗塞になるリスクも高くなります。ゆっくりとした腹式呼吸を練習することによって、更年期障害ののぼせ症状も、起こる回数を減らすことができます。感情も呼吸のパターンに影響します。驚いたときはたいてい息をのんだり、息を止めたりしています。〈闘争−逃走、すくみ〉反応は交感神経の活動を活発にし、体の状態を変化させます。イライラしているとき、

緊張しているときは浅い胸式呼吸になっていることが多いので、息を吸う前にまず息を吐くことです。

　一方ゆっくりした腹式呼吸は交感神経の働きを鎮め、体の回復を促進します。ゆっくりとした腹式呼吸は、一度心筋梗塞を起こした人の再発率を下げると言われています。血圧と心拍数が下がるので、手足はあたたかくなり、発汗もおさまり、リラックスした良い感じが訪れます。

覚えておくと良いこと

❧腹式呼吸の練習をするとき

- "ゆっくりと深い"呼吸をすること。下腹、おヘソの下のほうに気持ちを集めること。
- "ジーンズ症候群"を脱すること。ピッチリした服を着ている人は、これからはゆったりした服を着るようにしましょう。
- おなかの動きを感じることがむずかしければ、鏡に映してみるのも良いでしょう。
- 胸が動かないようにするために、たとえば腕を胸の前にのばして交差させ、手のひらを合わせて指を組みます。そして無理のない範囲で、そのまま腕を頭の上にもっていきます。そして腹式呼吸の練習をします。

❧腹式呼吸の練習の注意

- 練習中に〈気が遠くなるような感じ〉がしたならば、すぐに練習をやめましょう。そのようなときは呼吸が速すぎて、深すぎるのです。そして気持ちを鎮めて吐く息に注意してみましょう。長く息を吐くために、「しー」と言ってみるのも良いでしょう。その音があなたにゆっくりとした深い呼吸を思い出させてくれるでしょう。
- 練習中に〈めまい〉や〈軽い頭痛〉を感じたなら、多くの場合は過呼吸になっているときです。吐く息を長くゆっくりとしてみましょう。息をできるだけ細く吐いてみましょう。両足にストローが通っているようなイメージを思い浮かべ、それを通して息を吸って吐くイメージをしてみましょう。
- 初めて腹式呼吸を学んだときには、なにか他の動作がやりにくくなるかもしれません。たとえば、腹式呼吸をしながらでは話しにくかったり、他の動作がしにくかったりするかもしれません。これは動作をするときの筋肉の動きが胸式呼吸に合うように学習されているからです。腹式呼吸は不必要な筋肉の緊張をとり、あなたの

ストレスを減らす呼吸です。腹式呼吸を練習するうち、実感としてそれが分かるでしょう。はじめからうまくいかないからといって、あわてないでください。

❖ 呼吸の練習を始めるまえに

　この練習には、少なくとも 20 分間誰にもジャマされずにゆっくりできるしずかな場所が必要です。この練習はまずイスに腰掛けて行い、次に横になって行います（スペースの都合で座って練習するときには、一部分はぶいて行います）。

　おなかの上に載せる 1～2kg のものをなにか用意します。本でも良いし、米や豆の入った袋を用意すると体にフィットしてすべり落ちにくく、練習しやすいでしょう。おなかの上に〈おもり〉を載せるとおなかに注意を集めやすくなるので、練習に役立ちます。また〈おもり〉で息を吐きやすくなります。

　録音した CD やテープを聞きながら、その通りにやってみましょう。自分自身の体のリズムに耳を傾けます。たとえば CD やテープの語りよりもあなたの吐く息のほうが長かったり、短かったりするかもしれません。また多くの人が、初めは一生懸命努力して練習しがちですが、あなたの目指しているのは、〈努力のいらないラクな呼吸〉です。こころを鎮め、穏やかな気持ちになれるように呼吸を整えているのだということを忘れないでください。そしてがんばり過ぎないこと。どの練習も 100% でなく 70% くらいの力でやると良いでしょう。大切なのは、自分のペースをつかむことです。完璧にやることではありません。

腹式呼吸法：練習 3

　ゆったりと座って、おなかをゆっくり動かしてみましょう。おなかに気持ちを集めて、おなかの力を少しずつ抜いていきましょう。目は軽く閉じて、膨らんでへこむおなかの動きを感じてみましょう…片方の手をおなかに当てて、もう片方の手は胸に当ててみましょう。呼吸は鼻からラクにして…おなかと胸に置いた手で、呼吸している体の動きを感じてみましょう…息を吸うときと吐くときに、体のどの部分が動いているでしょうか…どんな感じがしているのでしょうか…息を吐くとき、小さく"はぁぁぁ"と声に出して言ってみましょう…肩の力は抜いてリラックスしたまま…

　次に息を吐くとき最後に、少しだけおなかの筋肉を使って、余分に"はぁぁぁ"と息を吐き出してみましょう。それから自然に、おなかが膨らむときに入ってくるだけ息を吸います。意識的に吸う必要はありません…肺がおなかのなかにあるような感じで、風船のように息を吸うときおなかが膨らみ、吐くときにしぼむイメージをしていきましょう…ゆっ

くり、しずかに鼻から息を吸って、吐くときは口から"はぁぁぁ"と言いながら吐いて…おなかに力が入っていれば、その力もだんだんと抜いていきましょう…

　自分のリズムでしずかにゆっくりと呼吸をしてみましょう…おなかに当てた手で、おなかの動きを感じてみましょう…吐く息の最後に、ほんの少しだけおなかを引っ込めるような感じで、しばらくその呼吸を続けてみましょう…

　息を吸うとき、おなか全体が広がり、骨盤が開くのを感じてみましょう…息を吸うときの腰の動きを感じてみましょう…それから、"はぁぁぁ"と言いながら息をゆっくりラクに吐いてみましょう…しばらくその呼吸を続けてみましょう…

　今度はおなかのなかに大きなビーチボールが入っていると思ってください。息を吸うとき、そのビーチボールをいっぱいに膨らませてみましょう…そして吐くときにはそのビーチボールをしぼめてみましょう…ゆっくり呼吸しながら、ビーチボールを膨らませたりしぼめたりするイメージをしていきましょう…ビーチボールを膨らませたりしぼませたりするときの感覚を感じてみましょう…しばらくそれを続けてみましょう…

　ラクに呼吸を続けながら、少しだけ目を開けてみましょう。体にどんな感じが起こってくるでしょうか…

（この部分は横になって練習できるときに行います。）

　今度はゆっくりと横になってみましょう。横になって脚は肩幅くらいに広げて、必要であれば膝の下にクッションなどを当ててみましょう。そして、すっかりくつろいでいる感じを味わってみましょう…1～2kgの〈おもり〉をおなかの上、ちょうどおヘソの上あたりに乗せて、呼吸するときどんな感じがするのか感じてみましょう…目は軽く閉じたまま…息を吸ったときにおなかが〈おもり〉を押しあげるのを感じてみましょう…息を吐いたときにおなかがたいらになって〈おもり〉が息を押し出しているのを感じてみましょう…息を吸うときは〈おもり〉を押しあげて、吐くときはその重みで息を押し出して…ゆっくりと規則的な呼吸をして…息を吸うときはおなかが膨らんで〈おもり〉をもちあげる重さを感じてみましょう…そして息を吐くときはおなかがたいらになって〈おもり〉がしずむのを感じてみましょう。しばらくこの呼吸を続けてみましょう…

　自分がどれくらいの速さで呼吸しているか感じてみましょう…それから、徐々に吐く息を長くしていってみましょう。小さな声で息を吐きながら、1、2、3、4、と数えて全部息を吐き切ります。それから自然に息を吸います…これをゆっくりとラクに続けてみましょう…体に力を入れずに、数える数を少しずつ増やしていってみましょう…

　あなたの体全体が穏やかな感じに落ち着くまで、吐く息をずっと長くしていってみましょう…今度は鼻から息を吸い、同じように数を数えながら鼻から息を吐いてみましょう。その呼吸をしばらく続けてみましょう…

呼吸を整えて、体をラクにしていきましょう…ゆっくりと、ゆったりと、呼吸をラクにしてみましょう…体中の力を抜いていきましょう…では数を数えるのをやめて…おなかの動きに気持ちを集めてみましょう。おなかの動きを感じてみましょう…息を吐くとき、脚のなかをストローが通っているような感じで、そのなかを通して息を吐き出してみましょう。息を吸うときは、頭からおなかに空気が入ってくるようなイメージをしてみましょう…今度息を吐くときは、腕の中をストローが通っているような感じで、腕から手、指の先から息を吐き出してみましょう…次に息を吐くときには、脚から息を吐き出す感じで息を吐いてみましょう…腕から、脚から息を吐き出すイメージで、この呼吸をしばらく（数分間）続けてみましょう…

　今度は、海辺で波の音を聞きながら横になっているイメージをしてみましょう。あなたの呼吸を波の響きに合わせてみましょう。打ち寄せ、引いていく。永遠に続く自然のリズム。絶え間なく満ちてくる潮の流れ。水平線の彼方に引いていく潮の流れ…体中の力を全部抜いていきましょう。リラックスのあたたかい波が体中に満ちてくるのを感じてみましょう…

　吐く息と吸う息を感じながら、リラックスしている自分を味わってみましょう…さあ、もう十分だと思えば、手や足を動かして、思い切り伸びをしてみましょう。そしてゆっくりと目を開けてみましょう。このしずかな味わいをよく覚えておきましょう。そして今日1日、自然な呼吸をしてこの感じをずっと味わっておきましょう。

　毎日、この腹式呼吸の練習をした後、「記録用紙　呼吸：こころと体をつなぐ架け橋：練習3」に記入しましょう。1週間の終わりには「質問　呼吸：こころと体をつなぐ架け橋：練習3」に答え、グループに参加した後には「ディスカッションとまとめ　呼吸：こころと体をつなぐ架け橋：練習3」を完成させてください。

> 記録用紙

呼吸：こころと体をつなぐ架け橋：練習３

　　　　　　　　　　　　　　　　年　　月　　日〜　　月　　日
　　　　　　　　　　　　　　　　お名前＿＿＿＿＿＿＿＿＿＿＿＿

　①腹式呼吸のテープや語りで練習して体験したこと、②日常生活のなかで息を止めるのはどんなときか？（たとえば車を運転しているとき、野菜を切っているときなど）、③ゆっくりとした腹式呼吸をするようになってなにか変わったこと、を毎日記入してください。

1日目（　　月　　日）

①

②

③

2日目（　　月　　日）

①

②

③

3日目（　　月　　日）

①

②

③

4日目(　　月　　日)

①

②

③

5日目(　　月　　日)

①

②

③

6日目(　　月　　日)

①

②

③

7日目(　　月　　日)

①

②

③

質問

呼吸：こころと体をつなぐ架け橋：練習３

　　　　　　　　　　　　　　　　　　年　　月　　日～　　月　　日
　　　　　　　　　　　　　　　　　　お名前＿＿＿＿＿＿＿＿＿＿＿＿

1. 練習して良かったのはどんなことでしたか？

2. あなたはどんなときに息をのんだり止めたりしていましたか？

3. 困ったことはありましたか？　それはどんなことでしたか？

4. どのようにしてその問題を解決しましたか？

5. 腹式呼吸に変えるのに、あなたはどのような工夫をしましたか？

ディスカッションとまとめ

呼吸：こころと体をつなぐ架け橋：練習３

　　　　　　　　　　　　　　　　　　　年　　月　　日〜　　月　　日
　　　　　　　　　　　　　　　　　　お名前＿＿＿＿＿＿＿＿＿＿＿＿

1. グループ・メンバーの話で印象に残ったのは、どのようなことでしたか？

2. あなたの役に立ちそうなことは、どのようなことでしたか？

3. その他、気づいたこと、感想は…

リラクセーション・イメージをつくる：練習4

　水彩画を描くように、自分だけのリラックスできるシーンを体でつくっていくことは、単にイメージだけに頼るよりもずっとインパクトがありました。匂い、音、子どもの頃に閉じ込めてしまった思いまで引き出してきて、心を強く揺り動かされ、とてもスッキリしました。このイメージは〈よく効く薬〉のように、私には効果がありました。そしてこのイメージを毎日するようになってから、いろいろの場面で良い結果を出せるようになりました。
学生

　子どものころに戻って、雨の中で遊んだり、兄と一緒に紙で舟を作ったりして、楽しかったです。水に指を浸して波を起こし、紙の舟を進める、それが私のイメージでした。体中がゾクゾクして力がわいてくるようでした。1週間たつころにはただ〈雨〉と聞いただけで、体中に同じような感じが起こるようになりました。
学生

　空想…それは誰にでもできること。これから行うイメージ・トレーニングに、とても役立つものです。空想のイメージのなかで、私たちはなにかにふれること、感じること、聞くこと、味わうこともできます。イメージはどんどん現実に近いものに膨らませていくことができます。リラクセーション・イメージもどんどん豊かにしていくと、色、感じ、音、温度といったものがイメージのなかに含まれるようになります。パブロフの練習の逸話のとおり、〈自分がホールネスである（自然の生命力で生かされ、自分の力で気づき成長する力をもっている）イメージ〉が、なにより大切です。

パブロフの練習

　有名なロシアの生物学者、パブロフ（Ivan Pavlov）の〈古典的条件づけ〉をご存知の方は多いと思います。ある一定期間、ベルを鳴らした直後に犬にエサを与えると、エサがなくてもベルを鳴らしただけで犬はよだれをたらすようになるというものです。これは〈ベルを聞くとエサがもらえる〉という条件づけがなされたからです。

パブロフについては、こんな話が伝わっています[7]。パブロフは歳をとってから重い心臓病になりました。医者たちはもうダメだろうと考え、家族を集めて「もうそう長くはないだろう」と伝えました。ところがパブロフは一向に落胆しません。彼は世話をしているナースに頼んで、ボールにぬるま湯と泥を少し入れてもってきてもらいました。そしてベッドに横たわったまま1日中、片手を水に浸して夢でも見ているかのようにぼんやりとしていました。家族たちは「ユーモアこそ残っているが、そう長くはもたないだろう」と思っていました。

翌朝、彼は気分良くたっぷりと朝食をとり、陽だまりのなかにしばらく座っていました。夕方医者が診察に訪れたときには、心臓病はすっかり良くなっていました。「いったいどうしたのか」と尋ねられて、パブロフは「全くなんの心配もなく幸せだったときを思い出したら、自分自身を癒せるのではないかと思ったのだよ」と答えました。

彼は少年のころ、夏になると川のほとりの水遊び場でよく友人と遊んだものでした。生ぬるい少し泥くさい水の感触が、彼にそのときの愉快な気分を呼び起こさせました。〈条件づけ〉の知識があったパブロフは、そのときの本当に楽しかった感じを思い起こし、その思い出を今によみがえらせるのに〈水に手を浸す〉のが役立つだろうと考えたのです。このようにして彼は肯定的な感情を、自分の体を癒すのに用いたのです。

条件づけされた行動

私たちは毎日、さまざまな条件づけによって行動しています。この行動のなかには私たちの健康に大きく影響しているものもあります。たとえば一連のアレルギー反応も条件づけされたものです。ある女性はバラ・アレルギーだったのですが、本物そっくりにできたプラスチックのバラを見ただけでひどいアレルギー反応を起こしました。彼女はバラそのものではなく、自分がバラだと思ったものに反応していたのです。

もうひとつの例は、ねずみの免疫抑制の話です。ねずみに砂糖水を与えてから強い免疫抑制剤を注射して、免疫機能を測定しました。砂糖水と注射をセットにして何回も行うと、砂糖水の後に無害な生理食塩水を注射しても、免疫細胞は抑制剤を注射されたのと同様の反応を示すようになります。反対に、条件づけによって免疫機能を高

---

7 Theodore Melnechuk の話より引用

めることもできると報告されています。

　大切なことは、私たちの考えやイメージが実際に私たちの体に影響を及ぼすということです。

> あなたのリラクセーション・イメージをつくり、練習するために

　この練習ではリラクセーションを進めるため、ことばやイメージを利用します。

1. ホールネスであったときを思い出す

　健康に良くない行動が条件づけられるように、健康に良い反応も条件づけることができるのです。こころも体も元気だったころの体験とリラクセーションの体験を結びつけてみましょう。古いぬいぐるみや海辺で拾った貝殻など、思い出の品、好きな歌、なつかしい香り[8]など、あなたにとって特別な思い出に結びついているものは、あなたが楽しかった思い出を呼び起こす助けとなるでしょう。

　少しの間しずかにイスに座って、あなたがとても楽しくて、こころが穏やかで、愛情を感じていたときのこと、ホールネスを感じていたときのことを思い出してみましょう。そのときのことが思い浮かんだら、とっても気持ちが良かったそのときの感じを、できるだけいきいきとよみがえらせてみましょう。

　あなたが健康で満ち足りていたときの記憶や体験を「ワーク・シート　ホールネスの思い出：練習4」に書いてみてください。

8　香りの刺激は直接大脳に伝わるので、記憶のなかで最も強く残ります。

> ワーク・シート

ホールネスの思い出：練習4

年　　　月　　　日

お名前＿＿＿＿＿＿＿＿

1. あなたがとても楽しくて、穏やかな気持ちで、誰かを愛し、愛されていたとき、全体の調和がとれていて、穏やかに満ち足りていたのはいつのことですか？

　　　　　　　　　　　　　　　　　　　　　　　　　　　　　　　　　　　　

2. 穏やかで満ち足りている〈ホールネスのイメージ〉を、あなたに呼び起こさせるものはありますか？

　　　　　　　　　　　　　　　　　　　　　　　　　　　　　　　　　　　　

3. あなたにとっての〈ホールネスのイメージ〉を、詳しく書いてください。

2. あなたのリラクセーション・イメージを膨らませる

　体も心も元気でホールネスを感じていたときの記憶をハッキリと思い描けたなら、あなたのリラクセーション・イメージをもっと膨らませていきましょう。あなたがとてもリラックスできる場所はどこでしょうか？　ホールネスを感じ、安心できる、あなたのリラクセーション・イメージをつくってみましょう（たとえば、おだやかな海辺、さわやかな高原、気持ちの良いベッドなど）。

　あなたのリラクセーション・イメージを思い浮かべることができたなら、それはどのようなところなのか、どのような形をしているのか、できるだけ細かくイメージしてみましょう。あなたの目に心地よい色、形、手触りはどんなものなのでしょう。足もとの大地の感触、肌にふれる空気の温度を感じてみましょう。その場所の音が聞こえてくるくらい…静寂さが伝わってくるくらい…いきいきとその光景を思い浮かべてみましょう。その美しい場所に、なにか香りはありますか？　思い浮かべることができますか？　感じられますか？…今度は自分を見つめてみましょう…自分自身を感じてみましょう…そしてそのステキな場所を、ゆっくり歩き回ってみましょう。景色を眺め、香りを楽しみ、あたりに耳を傾け、その穏やかな世界に浸ってみましょう。そしていちばん気に入った安心できる場所を見つけて腰をおろしてみましょう。

3. あなたのリラクセーション・イメージ

　イメージのなかで十分にくつろいだ後、それを「ワーク・シート　あなたのリラクセーション・イメージ：練習4」に書いておきましょう。あなたに聞こえたもの、感じたこと、香り、そこでしたことなど、できるだけ細かく書いてみましょう。この練習の後にリラクセーションの文章の例を載せておきますので、細かく具体的に書く参考にしてください。その例文を利用するほうが良ければ、それでもかまいませんが、できればあなた自身のリラクセーション場面をつくるようにしてみましょう。

> ワーク・シート

あなたのリラクセーション・イメージ：練習４

　　　　　　　　　　　　　　　　　　　　　年　　　月　　　日

　　　　　　　　　　　　　　　　　　お名前＿＿＿＿＿＿＿＿＿＿

あなたがリラックスできるイメージを書いてみましょう。

4. あなたのリラクセーション・イメージを録音する

「ワーク・シート：あなたのリラクセーション・イメージ：練習4」を書いて練習した後で、その文章を録音してみましょう。まず筋肉の緊張をとりリラックスさせる語りをした後で、あなたのリラクセーション・イメージの文章を続けます。そしてその文章の終わりまで録音をします。

ダイナミック・リラクセーションで練習したとおり、リラクセーションしやすい環境を整えることも忘れないようにしましょう。

❖オプション

・マッサージを受けるか、あたたかいお風呂に入って、それから練習してみましょう。どれくらいリラックスできたか、練習の成果ではかってみましょう。
・リラクセーションの練習の前に、硬くなっている筋肉があれば、やさしくストレッチをするか、手足を軽くまわしてから、練習を始めてみましょう。
・リラクセーション・イメージやあなたのリラックスできる場所について書いたり、絵を描いたりしてみましょう。戸外でリラックスできるところがあれば、そこで練習してみましょう。自然は最良の癒し手（ヒーラー）です。

5. 記録用紙に記入し、自分自身の変化を確かめる

毎日、このリラクセーションの文章でリラックス体験をした後、「記録用紙　あなたのリラクセーション・イメージ：練習4」に記入しましょう。1週間の終わりには、「質問　あなたのリラクセーション・イメージ：練習4」に答えてください。グループに参加したなら、「ディスカッションとまとめ　あなたのリラクセーション・イメージ：練習4」を完成させましょう。

〈リラクセーション・イメージをつくる練習〉で、よく起こる問題

❖ホールネスの記憶が思い浮かばない

そんな記憶がすっかり抜けていることがあります。特に過酷な幼少期を過ごした人は、自然なことです。そのようなときは例文を利用するか、あなたがとてもゆったりとリラックスできそうなイメージを想像してつくってみてください。

❖ ホールネスの記憶がほろ苦い感じを起こさせる

　ホールネスのイメージやリラックスできるイメージは、今はいなくなってしまった大切な人の思い出とつながっていることもあります。その思い出は良い感じをとても強く起こさせる一方で、その人を失った悲しさをも思い起こさせます。そのような場合は、無理してその思いを消そうとせずに、そのままにしておきましょう。そして、あなたが愛されていたということを思い出してみましょう。

❖ 自然のなかで過ごした体験がない

　ずっと都会で生活していて、自然になじみがない人もいるでしょう。そんな人は、たとえば、あたたかい陽だまり、美しい庭園など、あなたにとって穏やかで安全なイメージを用いてみましょう。

❖ イメージのなかにずっといたい。現実にもどりたくない

　イメージのなかは現実世界に比べて、とても心地よいところかもしれません。しかし一生夢のなかで暮らすことはできません。現実の世界でいきいきと生きられる自分に成長していくことに意味があるのだ、ということを思い出してください。

リラクセーションを進めるために

　練習をする際、時々は目を開けて練習すると良いでしょう。そうすることで、日常生活の中でもリラクセーションできるようになっていきます。また、今週は自分の姿勢に注意を向けてみましょう。どんな姿勢をしていますか。勉強しているとき、仕事をしているとき、前かがみになるクセはありませんか？　首や肩、背中に力が入ってはいませんか？

あなたのリラクセーション・イメージ　練習4

　リラックスしやすいように、ラクな姿勢をとってみましょう。呼吸は腹式でラクに続けたまま、両方の腕を前にぐっと伸ばして思いきり力を入れてみましょう…あごや脚はリラックスしたまま、腕だけ力を入れる感じを覚えてください…はい、腕の力を抜いて、人形の腕のようにポトンと落として…リラックスした感じを広げていきましょう…腕や手のわずかな感じにも気持ちを向けていきましょう…

　今度は両方の肩を耳の方にグッともち上げて、首に力を入れてみましょう。腕、脚、おなかやあごは力を抜いたまま…呼吸はラクに続けて…はい、肩の力を抜いてストンと落として…肩から腕へ、手へ、指の先まで、リラックスした感じが広がっていくのを感じてみましょう…吐く息が腕をスーッと通っていく、そんなイメージをしてみましょう…

　今度は目をギュッとつぶって、歯をぐっと嚙みしめて、鼻のつけ根にしわを寄せてみましょう…顔中に力を入れた、その感じを味わってみましょう。首や肩は力を抜いたまま…呼吸はラクに続けて…上半身のどこかに力が入っていないかどうか、調べてみましょう。そしてもし力が入っていたなら、その力も抜いていきましょう…はい、体中の力を全部抜いてリラックスさせて…顔もやわらかくして、ゆるんだ目のまわり、ほほのその感じを味わっておきましょう…呼吸はラクに吸って、吐いて…

　今度は肩を後ろへ引いて、胸とおなかと同時に力を入れてみましょう…あごやももは力を抜いたまま…はい、力を抜いてリラックスさせていきましょう…フーッと力が抜けると、体中がリラックスしていきます…体の重さを感じてみましょう…息を吐くときには、腕から手、指先を通して息がスーッと出ていくような感じで呼吸してみましょう…

　おしり、もも、ふくらはぎ、足に力を入れて、かかとを床に押しつけて足の指を上に上げてみましょう…呼吸はゆっくり続けたまま、力の入った感じを味わってみましょう…顔、首、肩、腕、手はリラックスしたままで…はい、力を抜いてリラックスさせて…脚がリラックスした感じを味わってみましょう…息を吐くとき、息があなたの脚を通って足の先から出ていくイメージをしてみましょう…すっかり力が抜けた、その感じをよく味わっておきましょう…

　深いリラクセーション、その穏やかな感じ、しずかな感じをよく味わっておきましょう…呼吸をするたびにとっても気持ちが良い…息を吐くとき、両方の腕と脚を通って息が出ていくイメージをしてみましょう…どんどんリラックスさせて、体中の力が抜けた感じや体の重さを感じてみましょう…自分の内に自信や穏やかな気持ちがわいてきているのを感じてみましょう…それは外のことにわずらわされない、とても確かな感じです…

　さあ今度は、あなたにとってホッとできることば、ホールネスと結びついていることば、リラックスできることばをこころのなかでくり返してみましょう…たとえば "く

つろいでいる"…"愛されている"…"安心""おだやか"といったことばでも、なんでもかまいません…息を吐くとき、こころのなかでゆっくりとそのことばをつぶやいてみましょう…

　体全体をもっとリラックスさせていきましょう。リラックスした感じ、しずかな感じ、穏やかな感じをよく味わっておきましょう。そしてどんどんと深めていきましょう…あなたがリラックスできる〈特別のことば〉があれば、息を吐くときにそれを思ってみましょう…息を吐くたびにくり返しつぶやいてみましょう…

　しずかにあなたの〈特別なことば〉を消していきましょう…そしてあなたのリラクセーション・イメージを始めましょう。

　　　（ここで〈あなたのリラクセーション・イメージの文章〉を続けるか、
　　　　もしくは次の例文を続けます。）

（例文）リラクセーション・イメージ

　今、ひんやりしたほの暗い森を抜け、山あいの草原を歩いています。緑の草原のあちらこちらにピンク、黄色、赤、紫色のきれいな野の花が咲いています。その花の繊細な花びらにふれ、新鮮で甘い香りを吸い込んでみましょう。靴も靴下も脱いで、足でしっとり、ひんやりしたやわらかい草の厚みを感じてみましょう。あたたかい陽の光を肩に感じています。心地よい風が髪をなで、ひたいに涼しさを運んできます。しずけさのなかで、遠くから時折よく通る鳥のさえずりが聞こえます。蝶がフワフワと花と草の間を飛んでいきます。草と松葉の淡い香りがします。

　足の下の草の弾力のある感触を楽しみながら歩いていくと、小川のせせらぎが聞こえてきます。その音は近づくにつれ次第に大きくなってきます。しばらくの間、苔むした岩の上を流れる水を眺め、耳を傾けてみましょう。流れに陽の光がキラキラしています。そっとかがんで、澄んで冷たい水に少しだけ指を浸してみましょう。すっかりリラックスしてここで心地よく横になって、好きなだけここで憩（いこ）うことができます…

　　　（このイメージもしくはあなたのリラクセーション・イメージを思い浮
　　　　かべた後、以下を続けて行ってください。）

　あなただけの特別な場所（スペシャル・プレイス）でしばらく憩（いこ）ってみましょう。この平和で美しい場所へもどりたい思うときは、いつでもここへ来ることができます。

　さあ、もう十分だと思ったら、自分の体に合わせて大きく深呼吸をして、思いきり伸びをして、ゆっくり目を開けてみましょう。

記録用紙

あなたのリラクセーション・イメージ：練習4

　　　　　　　　　　　　　　　　年　　月　　日〜　　月　　日
　　　　　　　　　　　　　　　　お名前＿＿＿＿＿＿＿＿＿＿

　毎日練習の後、①あなたの思い浮かべたイメージはどんなものでしたか、②このリラクセーションをやる前、やっている間、終わった後の気分、体の感じはどんなでしたか。また〈特別のことば〉や、あなたのリラクセーション・イメージは、どのような効果があったでしょうか。記入してください。

1日目（　　月　　　日）
①

②

2日目（　　月　　　日）
①

②

3日目（　　月　　　日）
①

②

4日目（　　月　　日）

①

②

5日目（　　月　　日）

①

②

6日目（　　月　　日）

①

②

7日目（　　月　　日）

①

②

その他の感想・質問

質　問

あなたのリラクセーション・イメージ：練習4

年　　月　　日～　　月　　日

お名前＿＿＿＿＿＿＿＿＿＿＿＿

1. 練習して良かったことはどのようなことでしたか？
　..

2. あなたがリラックスするのに効果のあったのは、どのようなことばでしたか？
　..

3. 困ったことや具合の悪いことはありましたか？
　..

4. それをどのように解決しましたか？
　..

5. その他、気づいたこと、感じたことは…
　..

ディスカッションとまとめ

あなたのリラクセーション・イメージ：練習4

　　　　　　　　　　　　　　　年　　月　　日〜　　月　　日

　　　　　　　　　　　　　　　お名前＿＿＿＿＿＿＿＿＿＿＿＿

1．グループ・メンバーの話で印象に残ったのは、どのようなことでしたか？

2．あなたに役に立ちそうなことは、どのようなことでしたか？

3．その他、気づいたこと、感じたことは…

すばやく手をあたためる：練習5[9]

> 心身ともに健やかでいる秘訣は、過ぎたことを悔やまず、先のことを思い悩まず、心配ごとをあれこれ考えず、今ここに賢く真剣に生きることである。
>
> 仏陀

> こんなことができるなんて思わなかった。インストラクターの指示のとおりにした後、目を開けると、指先の温度が26度だったのが36度まで上がっていた。実際に手があたたかくなったし、指先に少し脈拍を感じる。自分でもっと健康になれるということが、今分かった。ひょっとすると、私の過敏性腸症候群も治せるかもしれない。
>
> 学生

　私たちは忙しいスケジュールに追いまくられているので、毎日20分も時間を割くと「自分だけ取り残されてしまいそう」な気さえします。「自分の生活全体をゆっくりしようものなら、とたんに生産性が下がり、退屈したり、できない奴だと人に言われたり、忙しさで紛れているこころの痛みを感じるようになったり、自分を見つめ始めたりするのではないか」と考えがちです。しかしリラクセーションの練習を進めていくと、単に20分間〈浮き世〉を離れるだけではなく、日々の生活のうちにも安らぎが訪れるのを実感するでしょう。

　もっと創造的に、もっと能力を発揮できる自分になるための時間をもち、仕事をしながらもより健やかで幸福を感じられるようになり、〈成功〉するために奮闘努力することが少なくなってくると、「自分という人間は自分で思っているのとはかなり違った人間であって、自分探しをする意味があるのだ」と、やっと分かってくるものなのです。

こころを落ち着かせる方法・QR

　この気づきを深めていく過程で、すばやくリラックスする方法はとても役に立ち

9　C. F. Stoebel：The Quieting Reflex. New York, Putnam, 1982. より改変

ます。チャールズ・ストーベルは、〈こころを落ち着かせる方法・QR〉(quieting reflex)という、とても簡単なリラクセーション法を開発しました。彼自身が頭痛もちだったのですが、多忙な医師であった彼は、瞑想やリラクセーション、自律訓練など、頭痛を軽減するために1日20分間の時間が割けなかったのです。そこで彼は、「ストレス反応はほんの数秒で起こるのだから、リラックスする反応も同じように数秒で起こせないはずがない」と考えました。

　ストレスを感じる場面では交感神経の緊張で、〈息をとめ、あごや首や肩に力が入る〉という〈闘争－逃走、すくみ〉反応が起こります。この反応は1日に何回も起こっていますが、私たちはほとんど気がつきません。(たとえば、電話が鳴ったとき、運転中前に人が飛び出したときなど)。これらのストレスは避けられないものが多いので、それに私たちがどのように反応しているかによって、大きな〈つけ〉を払うことになりますが、私たちに自覚できるのは、1日の終わりに疲労感や軽い頭痛、首や肩のこりを感じる程度です。

　〈こころを落ち着かせる方法・QR〉は、ストレスを感じてそれに対する反応が起こってから、その反応をきっかけに体に良い反応を自動的に起こそうというものです。〈こころを落ち着かせる方法・QR〉を行うと、〈闘争－逃走、すくみ〉反応を約6秒間で解くことができます。同じように、ストレスによる有害な体の反応も、約6秒間で解くことができるのです。さらにこの反応は練習すればストレスを感じているそのとき、目も開いたまま、〈こころを落ち着かせる方法・QR〉をするという自覚さえなく、反射的にできるようになります。ストレスに振り回されるのではなく、適切に対処できるようになります。一瞬にして心穏やかな状態をつくり出すことができて、ものごとの違った一面が見えるようになります。

　試験前や苦手な人と会うときなど、心配やいらだちを解消する手段として〈こころを落ち着かせる方法・QR〉は役に立ちます。赤信号、電話のベル、順番待ち、交通渋滞など、ちょっとしたストレスに対処できます。日常の生活のなかで言い争いになりそうなとき、〈こころを落ち着かせる方法・QR〉を試してみてください。「電話のベルが鳴ると緊張する」という人は、「電話のベルが鳴ったら笑ってみる」と決めてそれを実行したところ、リラックスできるようになりとてもラクになりました。リラックスするきっかけはなんでも良いのです[10]。

　やめたい行動、たとえばタバコに火を点ける前、アルコールを飲む前、お菓子を食

10　ストレスと感じるものを反対に利用して〈リラクセーションを始める合図〉とするのは、逆説的ですが合理的でもあります。遊びごころをもってやってみましょう。

べる前に〈こころを落ち着かせる方法・QR〉を試してみると良いでしょう。

注意 もし腹が立っているなら、〈こころを落ち着かせる方法・QR〉をする前に、その怒りの感じを味わってみましょう。強い感情があるならばそれをしっかり感じて、それからゆっくりと浄化していきましょう。〈こころを落ち着かせる方法・QR〉でどこかに追いやってしまうのはよくありません。ことばにして表現することはしばしば、怒りの原因となっている問題を解く鍵になります。

以下が〈こころを落ち着かせる方法・QR〉の手順です。

こころを落ち着かせる方法（QR、The Quieting Reflex）

1. ストレスを感じる合図に敏感になりましょう（たとえば心配、イライラ、怒り、筋肉の緊張など）。そしてその反応を起こすきっかけが「生命にかかわることかどうか」と自分に問いかけてみましょう。生命にかかわることでなければ次に進みましょう。

2. 口や目で、そっとほほえんでみましょう。目を左右に動かしてみましょう。そうすることで、そのときはどんなにひどい状態に思えても、他の状態を見つける方法がいくつかあることを思い出させてくれます。5年後には笑い話になっているかもしれません。「心はしっかり、体はラクに」とつぶやいてみましょう。でなければかわりに、「私はリラックスできる」「私は穏やかでいられる」などのことばを用いても良いでしょう。あなたがいつも使っているなにかのことばをくり返すのも良いでしょう。

3. ゆっくりと深く、腹式呼吸をします。息を吐くとき、あご、舌、肩の力を抜いてリラックスさせていきます。重さのある波が体を通ってつま先まで降りていくのを感じてみましょう。

4. ラクに呼吸をして、息を吐くときにはあたたかい波が体中を流れているのを感じてみましょう。腕や脚を空っぽのチューブだとイメージして、なかを息が流れていくのを感じてみましょう。あたたかい空気が指やつま先から出ていくのを感じてみましょう。

これで全部です。有名なベトナムの仏教瞑想指導者であるタヒチ・ナハト・ハンは「平安に生きる」という著書の中で次のように述べています。「息を吸いながら、私の体は穏やかに鎮まり、息を吐きながら、笑みがあふれる」。リラクセーションの練習中、

ほほえみながら、このことばを実行してみましょう。あなたにとってストレスと感じることを手掛かりに、今すぐやってみましょう。

❧ さらに進めたい人は

いつもは笑いかけたりしない人5人に、今日は笑顔で接してみましょう。お店の人、クラスメイト、全く知らない人、誰でも良いです。その人たちの反応はどんなだったでしょうか。あなた自身にはどのような効果があったでしょうか。

〈こころを落ち着かせる方法・QR〉をマスターする

〈こころを落ち着かせる方法・QR〉の4つのステップを練習してください。ラクにできるように、まず誰かと試してみてから自分で練習するようにしてみましょう。息を吐くとき、腕になにか感じるかもしれません。ある技術系の方が言いました。「あなたが大学教授なのは確かだが、鼻と口からしか息を吐けないというのも確かだ。腕から吐けるはずがない！」。〈息が腕を通って出ていく〉というのは、〈体への気づき〉を腕の先まで広げていくためのたとえです。この練習の目指すところは、エネルギー（気）の流れを腕から指先にまで感じられるようになることです。エネルギー（気）の流れをしっかり感じる体験をするために、次の〈ちょっと体験：ふれながらQRをする〉をやってみてください。

ちょっと体験　ふれながらQRをする

この練習は2人で行います。1人は、QR反応を起こす合図に〈手をたたく〉などして相手を驚かせます。もう1人は手をたたく音や驚かされたのを合図に、QRの練習をします。

2人で向かい合って立ちます。50cmくらい間隔をとると良いでしょう。QRの練習をする人と、合図をする人を決めます。合図をする人は、練習する人の前で大きな音がするように手をたたきます。音がしたらすぐに、練習する人は〈こころを落ち着かせる方法・QR〉の練習をします（ストレスを感じ、ほほえんで、あごや首、肩の力は抜いたまま、腕から息を吐くイメージで腹式呼吸をします）。合図をした人は、練習している人が息を吐くのに合わせて、両手で肩から腕、指まで、腕をつかむようにしながらやさしくなでて

いきます。合図をした人はリラクセーションのお手本となるように、息を吐きながらリラックスしていきます。歯みがきをチューブから絞りだすような感じで、腕から指先まで、握るようになでおろしていきます。（図2-3）。何回かくり返し練習した後、役割を交代します。

　今度は座って、最近体験したいやな場面を思い出してみましょう。そのストレスがかかった状態を思い出し、体が反応を始めたら、〈こころを落ち着かせる方法・QR〉の練習をしてみましょう。そして、まるでいやな場面などどこかへ行ってしまったかのようにストレスが消えていくのを体験し、感じてみましょう。

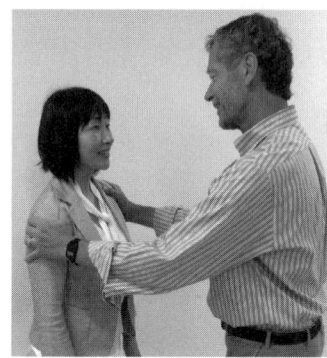

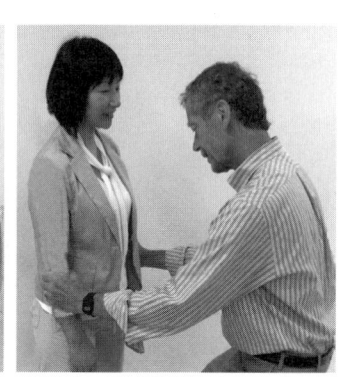

図2-3　手をたたき、腕をつかむようにしてなでおろす

＊解説＊　多くの方が「このやり方をするとエネルギーの流れを腕に感じやすいし、手から出ていくのも感じやすい」と言います。そして手があたたまりやすくなるとも言います。

手をあたためて〈こころを落ち着かせる方法・QR〉を深める

　〈こころを落ち着かせる方法・QR〉の練習で大きな効果を得るために、よく知られている〈手をあたためる〉体験が役に立ちます。古くから言われている「冷たい手よ、あったかくなーれ」ということばは、実際に冷たい手をあたためる効果があります。指先の温度は自律神経の反応を示すひとつの目安です。ストレスを感じて交感神経が働くと、平滑筋が末梢の動脈を収縮させて血流が少なくなり、手足が冷たくなります。反対に交感神経の働きが抑えられると平滑筋がゆるんで血流が増え、手足はあたたかくなります。すでに体験されているとおり、ゆっくりとした腹式呼吸をしたりリラクセーションの練習をすると手があたたかくなったりムズムズするのは、このような理

由からなのです。

　手をあたためる練習は、片頭痛、レイノー症状、傷の治癒促進に有効であったと報告されています。そして、ストレス・マネージメントの一部として、さまざまなリラクセーションの必須項目として用いられています。また、体の変化を感じる体験をとおして、自分で体をコントロールすることができるのだと実感させてくれます。〈手をあたためる練習〉は、自律神経機能に意図的に働きかける簡単な方法であり、イメージで体を変化させる練習でもあります。「手をあたためる練習をしたら、ストレスに強くなった」と、多くの人が報告しています。

　一度〈手をあたためること〉を身につけると、思うままに血流を変化させることができ〈力を得た〉ことを実感することでしょう。ある13歳の少女は、手をあたためる方法を次のように表現しています。「自分にはなんでもできるのだと思ってみました。指よ、あたたかくなれ。指よ…。あたたかさが感じられる。あたたかい、トースト、焼きガニ、オーブン、夏…。あたたかさが感じられる。私ってすごい。だってちゃんとできたのだもの！」

　彼女は片頭痛の症状を軽くするために手をあたためる方法を学んだのですが、体の他の部分にもこのプロセスを応用していきました。彼女は歯の矯正用具を早くはずすことができるように、歯に「早く動くように」と語りかけたところ、普通2年かかるところが4カ月ではずすことができたのです。この自己コントロールは、セルフ・ヒーリングのイメージ・トレーニングにも有用です。

❁ 指先の血流の増加に気づく

　最初に、次の簡単な練習を試してみましょう。指先の血流を感じる助けになるでしょう。

血流を感じるために：

　イスに腰掛け両手を膝の上に置きます。しばらくの間、そのままにしておきましょう。両手の色をよく見てみましょう。左右同じような色をしているでしょうか。それでは、右手をまっすぐ天井のほうに上げてみましょう。しばらくの間、そのまま右手を上に上げ、左手は体の脇に下ろしておきます。右手から血が引き、左手に血が集まる感じを感じてみましょう。はい、両手をもう一度膝の上に置いて、手の感じと色の違いを比べてみましょう。右手はどれくらい青白く見えるでしょうか。色がもどってくるのを確かめながら、血

液が流れ始めるのを感じてみましょう。

血流を集めるために：

　両腕を頭の上で思い切り伸ばしてから、両腕を勢いよく回してみましょう。最後に腕を両脇に下ろします。脈拍を感じますか。手はどんな色になったでしょうか。

❖ 手をあたためる練習をすすめるコツ

1. 練習前から手があたたかい：36度以上に上げようとしないことです。大切なのは〈実際に温度が変わる〉ことを知ることです。
2. がんばってしまう。できないと思ってしまう：呼吸を自分でコントロールしようとしていませんか？　自然にまかせてラクな呼吸をしてみましょう。受け身の姿勢で注意深く感じてみましょう。
3. 体が冷え過ぎている：スカーフや帽子を利用しましょう。体のなかで最も体温の放出の大きいのは、首と頭です。
4. 手の感じが分かりにくい：手をマッサージするほか、お湯につける、手をこすり合わせる、息を吹きかけるなどして、あたたかい感じを味わってみましょう。
5. 手が冷たくてあたたまらない：逆に手を冷たくする練習をしてみましょう。どんなことを考えたりイメージしたりするときに手が冷たくなるでしょうか？　それがはっきりしたら、「その反対の考え、イメージ、感じはなんだろうか」と考えてみましょう。
6. 代謝や食事の影響：コーヒー、コーラ、チョコレート、紅茶、緑茶などに含まれている、カフェインは血管を収縮させます。アルコールは手をあたため、ミルクのようにアレルギーを起こすものは手を冷たくします。また運動後も数時間は血液循環や代謝が良くなっているのであたたまりやすく、空腹であれば手をあたためるのはむずかしいでしょう。体調や時間帯も関係します。

〈手をあたためる練習〉の一般的な注意

　この〈手をあたためる練習〉の他に、〈こころを落ち着かせる方法・QR〉の練習を少なくとも1日10回行ってください。くり返し練習することで〈こころを落ち着かせる方法・QR〉が習慣となり、自然にできるようになります。〈語りの文章〉に従っ

て筋肉に力を入れて抜くという動作をとおして深いリラクセーションへと入り、ラクな腹式呼吸を続けながら手をあたためます。毎日練習して、手をあたためる能力を高めていってください。

　最初に温度の変化を体験するために、小さな温度計を利き手の親指と人差し指の間にそっと挟んでください。温度計が室温からあなたの指の温度に上がって安定するまでには少し時間がかかります。まず温度計の目盛を読むのに慣れることです。1分後に温度計をもったまま、練習前の温度を記録用紙に書きとめておきましょう。それから次の練習をしてください。もしも温度を測るものがなにもなければ、指を〈のど仏〉のあたりにあてて、のどに比べて指がどれくらいあたたかいか冷たいかを感じておきましょう。

＊注意＊　この練習はテープに録音して聞きながら行うか、誰かに読んでもらってするほうがより効果的です。

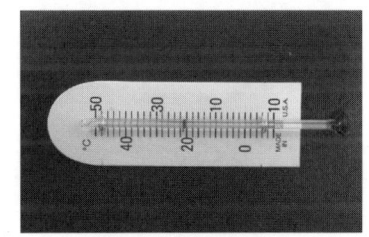

練習用小型簡易温度計
（読者プレゼントがあります。詳しくは巻末を見て下さい。）

すばやく手をあたためる[11]：練習5　第1日目

　温度計をあなたの利き手の親指と人差し指の間にはさんで、温度を測ってみましょう。もしも温度計がなければ指をのどに当てて、指先の温度を感じてみましょう。

　少し体を動かしてみましょう…それからいすにラクに腰掛けて、体重が背もたれと座席に全部かかるようにしてみましょう…目は軽く閉じてみましょう。もしも目をあけていたければ、それでもかまいません。

　まず、両足の足首をギュッとくっつけてみましょう。それから両方の膝に力を入れてくっつけて、脚に力を入れたまま、おしりにも力を入れてみましょう。肩もグッともち上げて、思い切りしかめ面をしてみましょう。力を入れたままそのまま、10数えます…はい、力を抜いてラクにして、目を軽く閉じてみましょう…体全体の力が抜けて、イスにもたれかかっているのを感じてみましょう…温度計は親指と人差し指でそっともっていてください。すっかり力が抜けて温度計が落ちたなら、拾って練習を続けましょう…

11　Cousins, N : Head First : Biology of hope, New York, Dutton, 88-89, 1989. より改変

あなたがとても楽しかった思い出をずっと思い出していってみましょう。あなたの一番良かった思い出はどんなことでしょうか。そのときとっても楽しかった思い出はどんなことだったでしょうか、ずっと思い出してみましょう…（記憶をたどるのに少なくとも30秒以上は必要です）…なにも思い浮かばなくても、それは珍しいことではありません[12]。なにも浮かばないときは、とても楽しくて安心していられるような場面を想像して、イメージをつくっていってみましょう…

　なにか思い浮かんだなら、その楽しかった場面をもう一度味わっているように、できるだけ具体的に思い出してみましょう。もういちどその場面を体験しているかのように、ずっとイメージしていってみましょう…呼吸はゆっくりとラクにしたまま…楽しかったそのときの体験を思い出してみましょう…そのときに感じたのと同じように、その場面は今もあなたに楽しい感じを呼び起こしてくれます…その楽しい嬉しい感じを、よく味わっておきましょう…呼吸は規則的にラクに続けて…（ここで1分ほど、間を取ります）

　そのイメージを、いったん消してみましょう。そして気持ちを集中してみましょう。集中した気持ちが、ちょうど黒板を指すポインターのように頭のなかのどこへでも、自由に動き回れるとイメージしてみましょう…さあ、気持ちを集中して、顔の真中、ちょうど鼻の後ろあたりに気持ちを集めてみましょう…気持ちを鼻の先に移動させて…鼻の先に、気持ちをどんどん集中させてみましょう…気持ちで鼻の先を触っているイメージをしてみましょう…（ここで30秒ほど、間を取ります）

　今度は目の後ろのほうに気持ちを集めていってみましょう。目を後ろからぐっと押さえていってみましょう…目を後ろから押していくイメージができた人は、そっとうなずいてみてください（このうなずきを目安に語りを進めていきます）…しばらくの間、目の後ろを押される感じを味わってみましょう…（ここで1分ほど、間を取ります）。

　今度はひたいの真中の骨のすぐ下に、気持ちを集めていってみましょう。そこに気持ちをどんどん集中させていきましょう…（90秒ほど、間を取ります）…しばらくの間、鈴がチリンチリンと鳴るような感じを味わってみましょう。鈴が鳴るような感じが体験できた人は、しずかにうなずいてください…（このイメージを体験するには、少し時間がかかります）。

　気持ちを両方の手に集めてみましょう。そして手の中に血液が流れていくイメージをしてみましょう。心臓があたたかい血液を肩のほうへと送りだし、肩から腕へと流れてきます。肘を通って手首から手へと流れていきます…あたたかい血液が腕から手へと流れていくのを、しばらく感じてみましょう…（ここで30秒ほど、間を取ります）。

12　幼いころに暴力を受けたり、うつ状態の人などは、肯定的な思い出を思い出せなかったり、感じられないことがあります。

呼吸はゆっくりとラクにしたまま、息を吐くたびに息が肩から腕を通って、手の先から出ていくイメージをしてみましょう…腕のなかの空っぽのチューブを通って息が流れていくイメージをしてみましょう…吐く息を、ゆっくり長くして…吐く息が腕のなかを流れていくように…

もしも気が散ってしまうならば、気持ちを鎮めてもう一度、吐く息が腕を流れて指の先から出ていくイメージに気持ちを集めていってみましょう。誰かが腕をなでおろしているのが感じられるように…

吐く息が腕を通って流れていくように…（ここで2分ほど、間を取ります）…指先から出ていく流れのあたたかさを感じてみましょう…「腕が重たくてあたたかい…両方の腕が重たくてあたたかい…」とくり返し言ってみるのも良いでしょう。指先にわずかに脈拍を感じたり、ムズムズする感じがしたりするかもしれません…息をゆっくり吐いて、吐く息が腕を通って指先から出ていくイメージを続けながら、この指先の感じをよく味わっておきましょう…（1分ほど続けます）

はい、腕を通して呼吸をするのをやめて、今ここ、この部屋にもどってきましょう。大きく深呼吸をして、体を思い切りのばして、ゆっくりと目を開けましょう。親指と人差し指の間にはさんでいた温度計の温度を見てみましょう。温度計がなければ、指先を自分ののどに当てて、温度の変化を感じてみましょう。そしてあなたの体験したことと温度の変化を、記録用紙に記入しておきましょう。

＊解説＊　ほとんどすべての人が、この練習によってストレス・レベルが減り、手の温度が上昇します。たとえば、専門のセラピストがこの練習を指導すると、手の温度は平均約30度から約35度に上昇します（図2-4）。手の温度が平均約5度上昇した大学生たちの実験では、各人のストレス・レベル（リラックスした状態を0、最もストレスの大きい状態を9として10段階で表現して自己申告）が4.3から2.2に下がりました（図2-5）。

　　　　　　今、とってもリラックスした気分です。そしてなにより驚いたことには、手の温度が15度近くも上がりました。　　　　　　　　　　学生

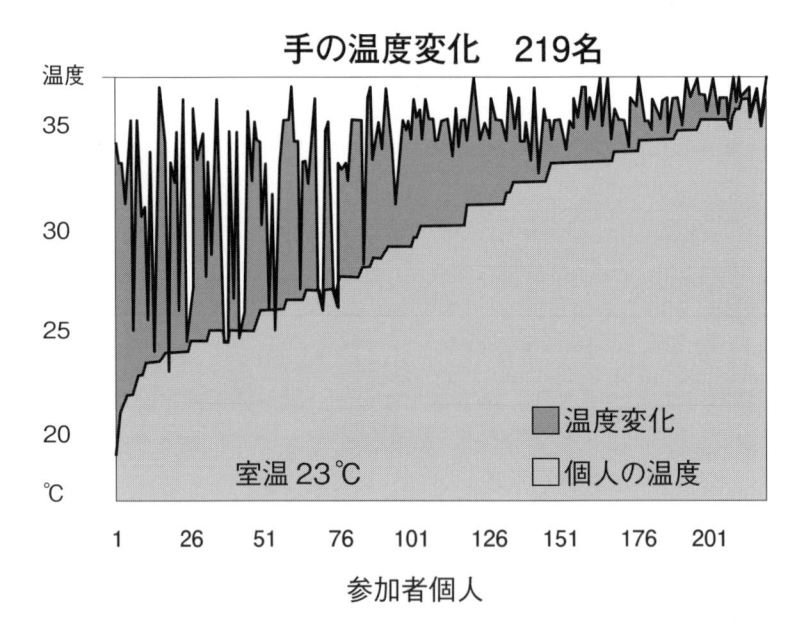

図2-4 それぞれの手の温度の変化

219人の親指の温度の変化を調べたところ、平均30度から35度に上昇しました。室温は23度で、グラフの下の線が練習前のそれぞれの人の親指の温度で、その上が練習後の温度の上昇を示しています。

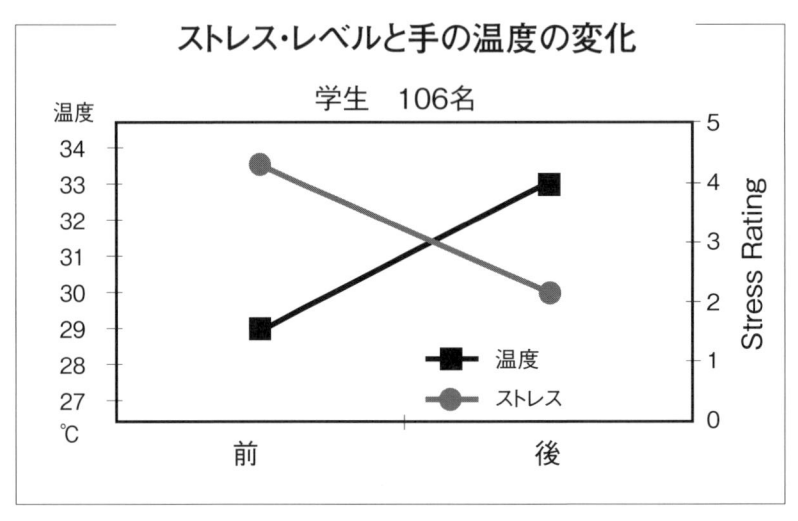

図2-5 それぞれのストレス・レベルの変化と手の温度の変化（室温、約23.4度）

親指の温度（■）が約5度上昇した学生106人のストレス・レベル（●）は、10段階で4.3から2.2に下がりました。

すばやく手をあたためる：練習5　第2〜7日目[13]

　まず、ラクな姿勢をとってみましょう。あなたの利き手の人差し指に、温度計をテープで止めるか、親指と人差し指の間でそっと挟んでください。1分ほど経ったら、始める前の指の温度を記録用紙に記入しておきましょう（もしテープがあれば、練習が終わるまで温度計をつけておくと良いでしょう。そうでなければ一度どこかに置いて、練習が終わったときにもう一度測ってみましょう）。

　目は閉じておきましょう。一度体中全部に力を入れてみましょう。足、もも、おなか、おしり、背中、肩、あご、顔、手…そのまま、力を入れたままで…はい、力を全部抜いて、リラックスさせていきましょう…呼吸はゆっくりと深くして、息を吐くときに"はぁぁぁ"と声に出して言ってみましょう…はい、声に出すのをやめて、だんだんとリラックスさせていきましょう…

　今度はあごに力を入れてみましょう…あごに力を入れた感じに、なにか覚えはありませんか？　この感じはあなたが緊張している場面でも感じますか？　片方の手で耳の前をふれて、あごの筋肉の緊張を感じてみましょう。何度か口を開いたり閉じたりして、あごの筋肉の動きを感じてみましょう…息を吸って、吐いて、意識的にあごの力を抜いてみましょう…そして手でその感じを確かめてみましょう…あごが重たいとイメージしてみましょう…腕をもとのラクな位置にもどして…今度は肩をグッと上げて、そのまま肩の緊張を感じてみましょう…はい、力を抜いて息を吐いて、肩の重たさを感じてみましょう。

　今度は息を吸い込んで、手のひらで口と鼻をおおってみましょう…ゆっくりとしずかに息を吐いて、吐く息のあたたかさを感じてみましょう、そしてそのあたたかい流れが腕を通って指の先から出ていくイメージをしてみましょう。2、3回呼吸に合わせてイメージしてみましょう。さあ、両腕をラクな位置にもどして、リラックスさせていきましょう…次に息を吐くとき、あたたかい流れが腕を通ってスーッと流れ、指の先から出ていくイメージをしてみましょう…しばらくそのイメージを続けてみましょう。

　体のなかを探検するように、イメージのなかで体の状態を調べてみましょう。体のなかでいつも筋肉の緊張を感じているところはないでしょうか。力が入っていると感じるところがあれば、その筋肉に少し力を入れて、それから力を抜いてリラックスさせていきましょう…呼吸はラクにして、体全体が重たいとイメージをしてみましょう…ゆっくり呼吸をすればするほど、おなかも胸もゆったりリラックスしていきます…息を吸うときおなかが膨らみ、空気が入っていくのを感じてみましょう…もう十分だと思えば、普通の呼吸にもどりましょう…なにか思い浮かんだなら、そのままにしておきましょう、そして呼吸に

13　Stroebel, CF：QR, The Quieting Reflex. New York, Putnam, 1982. より改変

注意を集めてみましょう…浮かんでくる考えを〈あなたの気持ちを少しかげらせて過ぎ去っていく雲〉のようなものと思ってみるのも良いでしょう…吐く息をできるだけ長くしてみましょう…あなたにとってリラックスできる〈特別なことば〉をしばらくこころのなかでつぶやいてみましょう。

　今度は息を大きくできるだけゆっくりとおなかに吸い込んでみましょう。自分にとって心地よい速さで呼吸してみましょう…息を吸うとき、おなか、おしり、腰が、風船が膨らむように外に膨らむのを感じてみましょう…息を吸ったときのおなかの感じを味わってみましょう…それから息を吐いて…呼吸の流れが肩から腕に降りていって手の指先から出ていくイメージをしてみましょう…息を吐くとき、あたたかい流れのようにリラックスした感じが腕を通って広がっていくイメージをしてみましょう…腕がまるで空っぽのチューブのように…あたたかい流れが指先まで流れていくのを感じながら「腕が重たくてあたたかい、腕が重たくてあたたかい」とこころのなかでつぶやいてみましょう…呼吸はゆっくりリラクに続けたまま…おなか深く呼吸の動きを感じ、吐く息が腕を通って流れていく、そんな感じをしばらくの間味わってみましょう…指先に脈拍やムズムズする感じを味わってみましょう。

　今度は深くゆっくりと呼吸しながら、足の裏の穴から呼吸しているイメージをしてみましょう…吸うときは足の裏から足首、膝、ももを通って空気が入ってきて、おなかをゆっくりとしずかに膨らませます、そうイメージしてみましょう…吐くときは、あたたかい空気の流れがおなかから脚を通って足の裏から出ていくイメージをしてみましょう。出ていくときに余分な力も全部抜けていくイメージをしてみましょう…「脚が重たくてあたたかい、脚が重たくてあたたかい」とこころのなかでくり返しながら、しばらくこの呼吸を続けてみましょう…

　血管の緊張がゆるんで広がり、心臓があたたかい血液を腕から手へ、おなかから脚へ、体中へ送っていきます。脈を打つごとに動脈を通してあたたかさや酸素、栄養素が送られて、細胞ひとつひとつをよみがえらせていきます。手の指、足の指があたたまりピンク色に変わっていくイメージをしてみましょう…好きなだけこのイメージを続けてみましょう。

　なにか他のイメージを広げてみてもかまいません、血管の拍動をイメージして感じてみましょう…今度は指の感じ、指のまわりの感じを味わってみましょう…穏やかでやすらかな感じを、よく味わっておきましょう…

　もう十分だと思えば、大きく深呼吸をして、ゆっくり体を伸ばして目を開けてみましょう。そして指の温度を測ってみましょう。

　温度計が指に貼ってあれば、すぐに記録をしましょう。そうでなければ親指と人差し指の間に挟んで、腕から手にあたたかい感じを感じながら１分ほど待って、〈練習後の温度〉を記録用紙に記入してください。

毎日この練習をした後、「記録用紙　すばやく手をあたためる：練習5」に記入してください。週の終わりに「質問　すばやく手をあたためる：練習5」に答え、グループに参加した後に「ディスカッションとまとめ　すばやく手をあたためる：練習5」に記入してください。

> 記録用紙

すばやく手をあたためる：練習5

　　　　　　　　　　　　　　　　　年　　月　　日～　　月　　日
　　　　　　　　　　　　　　　　　お名前＿＿＿＿＿＿＿＿＿＿

1. 毎日の練習の後、あなたの体験したこと、練習前後の指の温度を記録してください。
2. 毎日〈こころを落ち着かせる方法・QR〉をして、少なくても2つの異なる体験を「練習をする前、している間、終わったすぐ後」について書いてください。
3. あなたが〈こころを落ち着かせる方法・QR〉の練習をするきっかけとなったストレスにはどのようなものがありましたか。これには自分の体の合図も、外からのストレスも利用できます（たとえば、電話のベル、あごに力が入る、タバコやお菓子が欲しくなるなど）。

1日目（　　月　　　日）
1.

　　　　　　　　温度：　前　　℃　　　後　　℃

2. QRについて

3. きっかけとなったストレス

2日目（　　月　　　日）
1.

　　　　　　　　温度：　前　　℃　　　後　　℃

2. QRについて

3. きっかけとなったストレス

3日目（　　月　　　日）
....

1.

　　　　　　　　　　　温度：　前　　℃　　　後　　℃

2. QR について

3. きっかけとなったストレス

4日目（　　月　　　日）
....

1.

　　　　　　　　　　　温度：　前　　℃　　　後　　℃

2. QR について

3. きっかけとなったストレス

5日目（　　月　　　日）
....

1.

　　　　　　　　　　　温度：　前　　℃　　　後　　℃

2. QR について

3. きっかけとなったストレス

6日目（　　月　　　日）

1.

　　　　　　　　　　　　温度：　前　　℃　　　後　　℃

2. QRについて

3. きっかけとなったストレス

7日目（　　月　　　日）

1.

　　　　　　　　　　　　温度：　前　　℃　　　後　　℃

2. QRについて

3. きっかけとなったストレス

> 質　問

すばやく手をあたためる：練習5

　　　　　　　　　　　　　　　　　　年　　月　　日〜　　月　　日
　　　　　　　　　　　　　　　　　　お名前＿＿＿＿＿＿＿＿＿＿＿＿

1. 練習して良かったことはどんなことでしたか？

2. 手足の温度にどのような変化がありましたか？

3. どのような場面で〈こころを落ち着かせる方法・QR〉の練習をしましたか？

4. 困ったことはどのようなことでしたか？

5. その他、気づいたこと、感じたことは…

ディスカッションとまとめ

すばやく手をあたためる：練習5

　　　　　　　　　　　　　　　年　　月　　日〜　　月　　日
　　　　　　　　　　　　　　　お名前＿＿＿＿＿＿＿＿＿＿

1. グループ・メンバーの話で印象に残ったのは、どのようなことでしたか？

2. あなたに役に立ちそうなことは、どのようなことでしたか？

3. その他、気づいたこと、感じたことは…

リラックスしたまま行動する：練習6

> 自分としては他のリラクセーションを学んだときよりも早く、一連の動きを習得することができました。この練習で緊張と弛緩の状態に自分で気づく能力を、最大限に高めることができました。どんなに気を抜いた状態でもちゃんと仕事ができるという体験をしました。　　　　学生

　リラクセーションを日常生活にも広げていくには、自分の感覚に気づくことが大切です。不必要な力が体のどこかの筋肉に入っていないかどうか、1日に何回か確かめて、もし力が入っていたら力を抜くことです。自分の呼吸パターンに気づけるようになり、もしも浅く細い呼吸をしたり息をのんだりしているのに気づいたならば、ラクな呼吸にもどることです。できるようになるには何度も何度も練習することが必要です。

　また生活でリラクセーションの練習効果を最大限に発揮するためには、〈リラックスしながら行動する〉ことを学ぶことが必要です。ひとりになれるしずかな場所でリラックスできるだけでなく、日常生活のなかでリラックスできていて余分な力を抜けるようになることが大切なのです。練習6では、簡単な動作をしながらリラックスする練習をします。練習を進めるうち、より複雑な動作やストレスの多い仕事をしながらでもリラックスした状態を保てるようになるでしょう。たとえば交通渋滞のなかで車の運転をしているときでも、リラックスできるようになるでしょう。陸上選手や体操選手などは、自分の力を最大限発揮できるように特別なリラクセーションを用います。その競技をするのに不必要な筋肉の力（ディスポネイシス、dysponesis）をすべて抜くことで、より大きな力を蓄え、流れるような優雅な動きをつくることができるのです。

〈リラックスしたまま行動する〉ために…

　次のようなことを試してみましょう。
1. あなたが一番リラックスできるところ、姿勢、時間、状態を見つけ（たとえば、

ソファーでテレビを見る、お風呂につかるなど)、体のどこにまだ力が入っているかを調べてみましょう。そして力を抜いてみましょう。数分後にもう一度調べてみましょう。時間がたっても十分リラックスできていますか？ 呼吸はどうでしょうか。

2. なにかしているときでも自分の筋肉や呼吸の状態に注意を向けられることを目標にしましょう。そしてなにかをしながらでも呼吸を続けるようにしましょう。特になにかに集中しているときやストレスを感じているとき、どれくらい呼吸をしているか確かめてみましょう。

3. 歩きながら筋肉の余分な力を抜く練習をしましょう。始める前に、動いている間もずっとリラックスしている自分をイメージしてみましょう。そしてできるだけリラックスして歩く方法を見つけていきましょう。たとえば、本などを入れた重いショルダーバッグをリュックにかえるなど、工夫してみましょう。歩くときはどんな呼吸をしているでしょうか。自分のリズムを知りましょう。歩くことを〈動く瞑想〉にしましょう。

4. リラクセーションの助けとなる〈ことば〉やおまじないなどをなんでも利用して、体の力を抜きましょう。たとえば交通渋滞に引っかかったとき、ベルトの穴を1つか2つゆるめて、それをきっかけにリラクセーションしてみるなどです。

5. 最初は簡単な動作をしながらリラックスすることから始め、次第により複雑な動作、たとえば料理、買い物、食事、友達とのおしゃべり、ヨーガなどをしながらリラックスできるように進めていきましょう。

6. これから始める新しいことがあれば、その一部にリラクセーションを取り入れてみましょう。なにか新しいことを始めるときは、新しいリラクセーション・スキルをつくる良い機会です。たとえば新しい仕事が階段の昇り降りを必要とするとするなら、「階段を昇り降りするたびにリラクセーションの練習をしよう」と決めるのです。そうすることが、すばやく自動的にリラックスできるようになる近道です。

7. ストレッサー（あなたがストレスを感じるもの）を合図に、ゆっくりと深い呼吸をしてリラックスしてみましょう。たとえば電話のベルが鳴ったら、リラックスしてみるなどです。

　筋肉から不必要な力を抜くイメージをし、リラクセーションした状態をイメージのなかで感じてみましょう。それからそのイメージと実際の違いを比べてみましょう。思っていた以上に力が入っていたのはどの筋肉でしたか？ 現実に合わせてイメー

ジを修正し、さらにこころのなかで何度もくり返し練習を続けましょう。

リラックスしたまま行動する：練習6

　この練習を始める前に、本か雑誌を手の届くところに用意してください。また字が読める程度の明るさが必要です。

　ラクに腰掛けて、目は軽く閉じて、体をゆっくりリラックスさせていきましょう。しばらくの間、今までのリラクセーションの練習で体験した全身のリラックスした感じを、もう一度味わってみましょう…体中の筋肉に力を入れてみましょう…はい、力を抜いてリラックスさせて…心地よくだるい感じが広がっていきます…体中にあたたかいものが流れているのが感じられて、とても気持ちが良い…しばらくの間は体のどこかに力が入っていないかどうか、確かめてみましょう。そしてもしどこかに力が入っていれば、それもしずかに抜いていきましょう…

　体中の筋肉の力がすっかり抜けて、リラックスしている、その感じを味わってみましょう…力が全部抜けたその感じを味わってみましょう…呼吸は自然にラクにして…リラックスしているので、血管が開いて自然に血行が良くなっているのをイメージしてみましょう…指先に心地よい脈拍を感じてみましょう…

　すっかり力が抜けているので感じられる体の重さ、あたたかさを、よく味わっておきましょう…あなたのジャマをするものはありません…あなたのうちに、やすらぎが深まっていくのを感じてみましょう…あなたがリラックスしていてこの感じを味わうとき、あなたのうちなるやすらぎから力と自信とがわいてくることを覚えておいてください…息を吸って、吐いて…息を吐くたびに、空気があなたの腕から手を通って指先から流れ出ていくイメージをしてみましょう…空気の流れが穏やかな海の波のように、緊張や余分な力を全部洗い流していく、そんなイメージをしてみましょう…

　息を吐くときに、あなたがリラックスできることば、たとえば〈気持ちが落ち着いている〉とか、〈リラックスしている〉とこころのなかで言ってみましょう…そのことばの意味やあなたにとっての特別な意味を思いながら、少しずつ深めていきましょう…こころのなかで何回もくり返しつぶやいてみましょう。そのことばによって起こってくる、心地よさを感じてみましょう…とってもリラックスしたそのときの感じを、よく味わっておきましょう…体の重さ、あたたかさ、やわらいだ感じ…しばらくの間、この心地よさを感じてただよってみましょう…

　今度は、イスに座っているところをイメージしてみましょう。体のどこかにまだ力が

入っていれば、それも抜いてリラックスさせていきましょう…体はすっかり力が抜けたまま、イメージのなかで右手をすっと上に上げてみましょう。イメージのなかで右手はどんな感じがしているでしょうか…

今度はできるだけ力を入れないで、実際に右手を上に上げてみましょう。体はリラックスしたままで…右手に最小限の力が入っている、その感じを味わってみましょう…イメージしたのと実際の感じの違いを比べてみましょう…はい、右手の力を抜いて脇に落として、どんどんリラックスさせていきましょう…右手からすっかり力が抜けた状態との違いを感じてみましょう…

今度はイメージのなかで左手を上に上げてみましょう…それからできるだけ力を入れずに実際に左手を上に上げてみましょう。体はリラックスしたまま、左腕、左肩の緊張を感じてみましょう…呼吸はラクに続けて…左手に最小限の力が入っているのを感じてみましょう…はい、左手の力を抜いて脇に落として、左腕と左肩をどんどんリラックスさせていきましょう…リラックスした状態と力が入っているときの違いを感じておきましょう…

今度はイメージのなかで、できるだけ力を入れずに両手を上に上げてみましょう。それから実際に両手を上に上げてみましょう。力が入っている感じを確かめながら…どこに力が入っていますか？…はい、両手の力を抜いてダランと落として、力がすっかり抜けた感じを味わってみましょう…

次にイメージのなかで立ち上がって、リラックスしたままゆっくり歩いてみましょう。イメージのなかで歩いてみると、どこの筋肉に力が入りやすいでしょうか…イメージのなかで歩いてみると、呼吸はどのように変化するでしょうか…呼吸はラクに力を入れずに続けたままで…

リラックスしたまま、今度は目を開けて、明るさに目がなれるようにゆっくりとあたりを見まわしてみましょう。目がなれたなら、息をしずかに吐きながらゆっくりと立ち上がってみましょう、少し脚を開いてしっかりと立ってみましょう…呼吸はできるだけ力を抜いてラクに続けたまま…頭の先で天を突き上げるような感じで立って、肩は力を抜いて落として、おなかも膝も腕もダランと力を抜いて…しばらくの間、リラックスしたまま立っていましょう…

今度は、ゆっくりと前後に歩いてみましょう。しずかに腕を振って、歩きながら、できるだけ力を抜いたまま…必要のない筋肉の力を抜くことを覚えましょう…歩いているときの呼吸にも注意を向けてみましょう…

立ったまま、立ったり歩いたりするのにつかっていない体の部分…顔、頭、目のまわり、あごなどをリラックスさせていきましょう…口の中で舌の力は抜けているでしょうか。呼吸はラクに続けたまま、首、のど、肩の力を全部抜いて、おなかもリラックスさせていき

ましょう…立ちながらできるだけ足の力を抜いてみましょう。そしてその感じを味わってみましょう…

　もう一度、あなたにとってリラックスできる〈特別のことば〉を思ってみましょう。そのことばを思い浮かべるだけで、リラックスした感じがどんどんと深まっていきます…立ったままで、とてもゆったりとしたその感じを深めていってみましょう…

　今度は座ってみましょう。体中の力を全部抜いてラクにして、目は軽く閉じたまま…体が重たくて心地よい感じ、体のなかをあたたかいものが流れているような気持ちよい感じにスーッと戻っていきましょう。こころの内から、とってもやすらいでいくのが感じられます。力と自信とがわいてくるのを感じてみましょう…呼吸は自然にラクにしたまま、すっかりリラックスしてやすらいでいるその感じを、よく味わっておきましょう…

　もう一度ゆっくり目を開けて、明るさに目をならしていきましょう…本か雑誌を手に取り、まだ読まないで手にもってみましょう。本をもったときの筋肉の力の入り方を感じてみましょう。そしてできるだけ必要のない力を入れないですむように、姿勢を変えてみましょう…目のまわりやひたいはできるだけリラックスしたまま本を読んでみましょう…

　少し読んで、呼吸の状態やどのように筋肉に力が入っているか、確かめてみましょう…文章を読んで理解しながら、どの筋肉の力を抜くことができましたか？　あご、くちびる、舌…首、肩、おなかの力も抜いてリラックスさせていきましょう…呼吸は自然にラクにしながら、文章を読んでみましょう…

　1ページほど読んでから本は脇に置いて、軽く目を閉じてみましょう。そしてまた、リラックスした感じをよみがえらせてみましょう…「1日中、いつでもリラックスしていられる」とこころのなかでつぶやいてみましょう…もう十分だと思えば、大きく深呼吸をしてゆっくり伸びをして目を開けてみましょう。

　毎日この練習をした後、「記録用紙　リラックスしたまま行動する：練習6」に記入しましょう。また毎日どんなことについて〈リラックスしたまま行動する〉練習をしたのか、書きとめておきましょう。1週間の終わりには「質問　リラックスしたまま行動する：練習6」を、グループに参加した後には「ディスカッションとまとめ　リラックスしたまま行動する：練習6」に記入してください。

記録用紙

リラックスしたまま行動する：練習6

　　　　　　　　　　　　　　　年　　月　　日〜　　月　　日

　　　　　　　　　　　　　　　お名前＿＿＿＿＿＿＿＿＿＿

1. 毎日の練習の後、あなたの体験したことを書いておきましょう。
2. どのような場面で〈リラックスしたまま行動する〉練習をしましたか？　また動作にリラクセーションを取り入れたとき、どのような変化を体験したでしょうか？

1日目（　　月　　　日）

①

②

2日目（　　月　　　日）

①

②

3日目（　　月　　　日）

①

②

4日目（　　月　　日）

①

②

5日目（　　月　　日）

①

②

6日目（　　月　　日）

①

②

7日目（　　月　　日）

①

②

その他の感想・質問

質 問

リラックスしたまま行動する：練習６

　　　　　　　　　　　　　　　　　　年　　月　　日〜　　月　　日
　　　　　　　　　　　　　　　　　　　　お名前＿＿＿＿＿＿＿＿＿＿＿＿

1. この練習をして良かったのはどのようなことでしたか？

2. 困ったことはどのようなことでしたか？

3. それをどのように解決しましたか？

4. その他、気づいたこと、感じたことは…

ディスカッションとまとめ

リラックスしたまま行動する：練習6

　　　　　　　　　　　　　　　年　　月　　日〜　　月　　日

　　　　　　　　　　　　　　　お名前＿＿＿＿＿＿＿＿＿＿＿＿

1. グループ・メンバーの話で印象に残ったのは、どのようなことでしたか？

2. あなたに役に立ちそうなことは、どのようなことでしたか？

3. その他、気づいたこと、感じたことは…

あなたのためのリラクセーションをつくる：練習7

あなたのためのリラクセーションの文章をつくってみましょう

　この練習では、今までの体験からリラクセーションを進めるのに最も有効であったものを集めて、あなた専用のリラクセーションの文章をつくります。今までの各週の練習の「記録用紙」を読み返してみましょう。第1章の「どうして記録用紙に記入するのか？」（p.14）で述べたように、ここで、自分の体験をふり返り、文章に書いてみると良いでしょう。そうすることで、あなたの体験はさらに統合されたものとなり、気づきが深まるでしょう。

　体のどこかにいつも力が入っていて不快な部分があれば、そのリラクセーションも取り入れることができます。たとえばあなたが女性でひどい月経痛や月経不順があるならば、下腹部がリラックスしてあたたかくなるイメージをつけ加えると良いでしょう。いつも肩や首がこっているなら、周囲の筋肉に力を入れてからリラックスさせる内容を盛り込むと良いでしょう（たとえば「両方の肩を前に出して…はい、力を抜いてリラックスさせて…肩を下に下げて…はい、力を抜いてリラックスさせて…肩を思い切り上げて…はい、力を抜いてリラックスさせて…」）。息をのむクセがあるのなら、ゆっくりと腹式呼吸をする内容を取り入れると良いでしょう（たとえば「息を吐くたびに少しずつゆっくり、長く息を吐くようにしていきます…息を吐くときに数を数えてみましょう、1、2、3、4、5…息を吐きながら数える数を、少しずつ増やしていきましょう」）。

　最初に〈自分専用のリラクセーション〉を「ワーク・シート　あなたのためのリラクセーションをつくる：練習7」に書いてみましょう。これから1週間はそれを用いて練習します。具合が悪いところがあれば変えていきましょう。毎日練習の後で「記録用紙　あなたのためのリラクセーションをつくる：練習7」を記入し、それに加えて〈リラックスしたまま行動〉したことを、毎日1つ書いてみましょう。1週間の終わりには「質問　あなたのためのリラクセーションをつくる：練習7」を、グループに参加した後は「ディスカッションとまとめ　あなたのためのリラクセーションをつくる：練習7」に記入してください。

> ワーク・シート

あなたのためのリラクセーションをつくる：練習7

　　　　　　　　　　　　　　　　　　　年　　　月　　　日
　　　　　　　　　　　　　　　　お名前＿＿＿＿＿＿＿＿＿＿

あなた専用のリラクセーションの文章を書いてみましょう。

> 記録用紙

あなたのためのリラクセーションをつくる：練習7

　　　　　　　　　　　　　　　年　　月　　日〜　　月　　日
　　　　　　　　　　　　　　　お名前＿＿＿＿＿＿＿＿＿＿＿＿

　毎日の練習の後で、体験したことを書いてください。

第1日（　　月　　　日）

第2日（　　月　　　日）

第3日（　　月　　　日）

第4日（　　月　　　日）

第5日（　　月　　　日）

第6日（　　月　　　日）

第7日（　　月　　　日）

質　問

あなたのためのリラクセーションをつくる：練習7

　　　　　　　　　　　　　　　　　　年　　月　　日〜　　月　　日
　　　　　　　　　　　　　　　　　　お名前＿＿＿＿＿＿＿＿＿＿＿＿＿

1. この練習をして良かったのはどのようなことでしたか？
....

2. 〈自分専用のリラクセーション〉のなかで、最も効果的だったのはどの部分でしたか？
....

3. どのような困ったことが起こりましたか？
....

4. どのようにそれを解決したのでしょうか？
....

5. その他、気づいたこと、感じたことは…
....

> ディスカッションとまとめ

あなたのためのリラクセーションをつくる：練習7

　　　　　　　　　　　　　　　　　年　　月　　日〜　　月　　日
　　　　　　　　　　　　　　　　　お名前＿＿＿＿＿＿＿＿＿＿

1. グループ・メンバーの話で印象に残ったのは、どのようなことでしたか？

2. あなたに役に立ちそうなことは、どのようなことでしたか？

3. その他、気づいたこと、感じたことは…

第3章
認知を整える

人は生きていくと道具や住み家をもつように、
なにかしら生きた形跡を残すものである。
なんの結果も生み出さずに、
なにかを言ったり考えたりすることはできない。
———— *Norman Cousins*

私たちは自分が思っているとおりになっていくものである。
だから自分の考えることに注意することだ。そしてことばにも気をつける
ことだ。考えは生きていて、遠くまで旅をする。
———— *Swami Vinvekananda*

認知－あなたが描いている世界

こころをかたくなにしないように用心しよう。
そして、こころと体の状態に耳を傾けよう

　ダイナミック・リラクセーションの学びを通して、〈体の緊張はこころの緊張とつながっている〉ことを実感されたことでしょう。体のリラクセーションを進めると気づきが深まり、こころを落ち着けて受け入れていくという態度が深まります。

　思考パターンは行動パターンと絡み合っているので、体を緊張させないままで良い状態に保つには思考パターンを変えることが必要なことが多いようです。たとえば絶えず自分の行動や感じていることを「ダメだ、まだ足りない」と、自分で決めつけているとしましょう。こう考えることで、こころも体も硬くなってしまいます。ダイナミック・リラクセーションではこのような緊張をゆるめる効果はありますが、同じような考えが出てくるたびに、またもどってしまいます。ですから思考パターンそのものを変えることが必要なのです。

　自分でそうだと思い込んでいるために不合理な考えを捨てられないことがあります。たとえば「私はフランス語を覚えられない」とか、「私はどこか抜けている」とか、「高速道路で前にのろい車がいるのは許せない」といった具合です。いつものパターンを変えるのに抵抗を感じるかもしれません。「この考え方は自分の能力を最大限に発揮するのに必要である」とか、「思考パターンは変えられない」と思うかもしれません。

　〈考え〉は脳の薬理システムに働いて異なる神経伝達物質を産生させる、生産物の指令塔なのです。〈考え〉の効果はすぐに体中に広がるので、同じようなことがくり返されれば私たちの健康や行動に影響を及ぼすことでしょう。〈考え方〉が私たちのからだに及ぼしている影響力は、次の〈ちょっと体験：想いと、筋肉の抵抗〉をやってみると、よく分かります。

ちょっと体験

想いと、筋肉の抵抗

- この練習は、2人で行います。最初に2人で向かい合って立ってみましょう。イメージする人と、試す人を決めます。

- まず初めに、イメージする人は両方の腕を体の横に上げて、水平に保ちます。試す人は右手をイメージする人の左手の手首の上において、そっと下に押してみましょう（もう一方の手を体験者の肩におくと、安定します）。体験者はその力に抵抗してみましょう。試す人は、イメージする人がもうこれ以上腕を水平に保っていられなくなるまで、押さえる力を強くしていきましょう（図3-1）。すっかり力を抜いてリラックスさせて、イメージする人の右手も同じように試してみます。

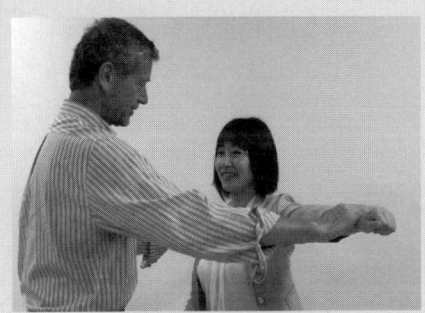

図3-1 手首の上に手を置いて、腕を下に押す

- 右手と左手とどちらの力が強くて、下に押す力に抵抗できたか、比べてみましょう。力が強いほうの腕を用います。

- 次に、イメージする人は、過去の体験で（1）落ち込んだ体験、がっかりした体験、無力感を感じた体験と、（2）元気が出るような体験、積極的になれるような体験、うまくいった体験の、2つをイメージできるように、準備をしましょう。

- イメージする人は、試す人には内緒で、どちらかひとつの体験を選んで、できるだけいきいきと思い浮かべてみましょう。そのときの場面や気持ち、音が聞こえるかのように、できるだけすばやく、その体験を思い出してみましょう。イメージできたならば、先ほどと同じように、力が強かったほうの腕を横に上げて力を入れます。試す人はもう一度、手首を上から押さえて、腕の力の強さを感じてみましょう。

- 確かめることができたら、イメージする人は腕を下ろして、その思い出をいったん消します。話をしないまま、続けてもうひとつの体験を、できるだけいきいきと思い浮かべてみましょう。イメージできたならば、腕を横に上げましょう。試す人はもう一度手首を上から押さえて、腕の力の強さを確かめてみましょう。

- 役割を交代して、同じことを体験してみます。

- 2人の体験を話し合い、お互い比べてみましょう。

＊解説＊　多くの場合、がっかりした体験、落ち込んだ体験、無力感を感じた体験を思い出しているときは力が入りにくく、〈無力感〉や〈抵抗できない感じ〉を体験します。元気が出るような体験、積極的になれるような体験、うまくいった体験を思い浮かべているときは力が出るので、自分にエネルギーを感じ、圧力に抵抗できる感じを体験します。

考えと姿勢

〈考え〉や〈想い〉は、私たちのエネルギー・レベル、態度や姿勢までにも関係しています。否定的・抑うつ的な考えは、〈緊張しているが疲れている〉状態や甘いお菓子を食べた後に起こりやすいものです。疲労していたり低血糖になると、否定的、衝動的な考えが起こりやすくなります。

同じように、私たちの姿勢は感情や考えにまで反映されます。幸せなときはウキウキして、背筋を伸ばして弾むように歩くでしょう。落ち込んでいるときは前かがみになりがちで、実際に世の中が灰色に見えることもあるでしょう。感情や考えは姿勢やエネルギー状態を変化させ、反対に姿勢やエネルギー状態は感情や考えに影響するのです。〈ちょっと体験：想いと、姿勢〉をやってみましょう。

ちょっと体験

想いと、姿勢

- イスに軽く腰掛けて、体を前に折り曲げて倒してみましょう。頭をうなだれて、脚の間から床を眺めてみましょう。
- そのままの姿勢で、困ったこと、がっかりしたこと、無力感を抱いたこと、落ち込んだことを、30秒間考えてみましょう。
- それからその考えを全部消してみましょう。そのままの姿勢で、元気が出るような、肯定的で幸せなことを、30秒間考えてみましょう。
- 姿勢をもとにもどして、頭を上げて、まっすぐ前か、少し上を見るようにしてみましょう。
- そのままの姿勢で、困ったこと、がっかりしたこと、無力感を抱いたこと、落ち込んだことを、30秒間考えてみましょう。

- それからその考えを全部消してみましょう。そのままの姿勢で、元気が出るような、肯定的で幸せなことを、30秒間考えてみましょう。
- どちらの姿勢のほうが、困ったこと、がっかりしたこと、無力感を抱いたこと、落ち込んだことを思い浮かべやすかったでしょうか。どちらの姿勢のほうが、元気が出るような、肯定的で幸せなことを思い浮かべやすかったでしょうか。比べてみましょう。

＊解説＊　多くの人が、うなだれていると否定的な考えがわきやすく、姿勢を正した方が肯定的な考えをもちやすいことに気づきます。

こころのなかの会話

　私たちの人生に起こるできごとは、本質的に良いとか悪いとか決められないものです。むしろ私たちがそのできごとをどのような視点でどうとらえるかが重要です。〈救いがない〉、〈望みがない〉ととらえるのか、それとも楽天的にユーモアで反応するのかでは大きな違いがあります。もしも〈自分は犠牲者〉で〈救いがない〉といった意味のことばをつかえば、世界は暗く見えるでしょう。反対に力のあることばをつかうと、肯定的な世界観はより確かなものになっていくでしょう。私たちが習慣的につかっていることばが、そのまま私たちが意識している外の世界なのです。

　私たちの考えや認識は、メガネやコンタクトレンズに似ています。それを通して私たちは現実を見ているのです。この〈メガネ〉はあまりに身近すぎて、いつもはそれが〈ゆがんでいるかもしれない〉などと思ってもみません。もしも〈バラ色の色メガネ〉や〈灰色の色メガネ〉を通して、ものごとを見ていたとしたらどうでしょう。

　私たちの考えはいかに現実をゆがめていることでしょうか。うつ状態や心配ごとがあるときは、自分や世の中、未来についても悲観的になりがちです。たとえば「電話はかかってこないだろう」「試験に落ちるのではないか」「うまくいくはずがない」「誰も信頼してくれない」などです。思い込みで非合理的な考えが自動的に起こるのを、もっと合理的で肯定的な考えに変えていくこと。そしてその根底に横たわっている否定的な考えが、どのようなものなのかを明らかにしていくことで、多くの人々はうつ状態や心配を克服することができます。環境や起こるできごとは変えられなくても、私たちの認知や考えのゆがみを減らすことができたなら、〈体験〉は変わるでしょう。

　私たちが現実をどのように認知しているかを明らかにするのに最も重要なのは、

〈ことば〉です。自然にわいてくるこころのなかのことばに耳を傾けるならば、そのゆがみに気づいて直すこともできるでしょう。さらに自分に〈否定的なひとり言〉でなく〈肯定的な励ましのことば〉を言えるようになれば、もっと良いのです。ただ単に「～しなければならない」という表現を「～することを選ぶ」と言いかえてみるだけで、私たちの体験は大きく変わってきます。

こころのなかの会話はことばだけでなく映像や感情、予感、期待なども含んでいます。幼児虐待を受けた人は、〈誰も助けてくれない〉ということを学習してしまいます。それが大人になり、自分で力をもち選択できるようになってからも続くのです。そしてひとたび〈不安を膨らませるエネルギー〉にチャンネルが入ると、とたんにいつもの行動をくり返してしまうということがあります。

過去の経験に基づいた妄想の世界は、再学習[1]によって変えることができます。自分の能力を伸ばすことばに自分で言いかえようとすることが、その変革の第一歩です。バランスのとれた認知ができるようになると、自動的に起こって固定している思考パターンが減り、自由な発想が広がっていきます。なにか起こるたびにボタンを押すかわりに、そのときに自分のなかにどのような〈ことば〉が生まれているのか観察し、変えていくことでコントロールできるのです。私たちのこころのなかの〈ことば〉は自国の文化や育った家庭の影響を受けて形成された〈強制命令〉であることが多く、催眠のように私たちを拘束しているものですが、反対に自分を変えるための良い道具にもなります。書くことによってこの〈秘密〉を表現するのは、この〈強制命令〉を解く方法のひとつです。そうすることで私たちが本来もっているエネルギーを引き出すことができるのです。

---

1 このときの再学習は知的レベルではなく、情動をともなった気づきとして体験されたときに、パーソナリティ・チェンジ（人格変容）が起きます。このような深い体験をするのに、リラクセーションを習得すること、イメージを利用することなどが役に立ちます。またグループで体験されると、深まりやすいでしょう。

こころのなかの〈ことば〉を変える：練習8

　私たちは自分の考えていることによって形づくられる。我欲のないこころで語り、行動するとき、喜びが訪れる。その喜びは影のように彼についてゆき、決して離れることがない。　　　　　　　　　　　　仏陀

　人生というのもは、その人がその日のうちに何を考えるかによって決まる。　　　　　　　　　　　　　　　　　　　　　　　*Ralpn Waldo Emerson*

　病気を良いとか悪いと評価せず、訪れるままに受け入れ、症状は自分を理解するためのメッセージとみなして、驚かずにつき合っていかれるようになりました。また、自分を責めないことばは、罪の意識をも取り除いてくれることを知りました。　　　　　　　　　　　　　　学生

　あなたのこころで生まれる〈ことば〉は、あなたを元気にしてくれますか。それとも落ち込ませるようなことばなのでしょうか。

ちょっと体験

こころのなかの〈ことば〉を変える

　いすにラクに腰掛けて、目はそっと閉じておきましょう。「私にはできない」「私は覚えられない」というように、あなたが口癖になっている否定的な〈ことば〉（たとえば「英会話はできない」など）で、「これは変えたい、直したい」というものを選んでみましょう。その具体的な状況を思い浮かべて、「私にはできない」と言ってみましょう。しばらくの間、くり返して言ってみましょう…はい、言うのをやめて、今どんな感じがしているか確かめてみましょう。

　今度は、同じ状況で「私はそれをする気がない」「したいとは思っていない」と言いかえてみましょう。しばらくの間、その〈ことば〉をくり返してみましょう…はい、言うのをやめて、〈ことば〉を言いかえたときの感じの違いを比べてみましょう。

＊解説＊　多くの人は、否定的で力のない〈ことば〉を言うと、少し前かがみになり、気分が沈み希望がなくなり、〈ことば〉自体もわびしく感じると言います。一方、「選択する」という語を含んだ積極的な〈ことば〉をくり返すと、力がわき、希望を感じ、より楽天的に感じられると言います。

　たとえばあなたの家族や職場の人がみんな、インフルエンザで倒れたと想像してください。〈恐れ〉があると、こころのなかの〈ことば〉は「いつもカゼをうつされる」とか、「次は自分の番だ」となるでしょう。一方〈挑戦〉する態度があれば「以前ならばカゼをうつされただろうけれど、今回はよく寝て栄養のあるものを食べて、水分も十分摂ってビタミンCをとって、免疫機能を高めて、健康でいよう」となることでしょう。

　〈どうしようもない〉という感じは、少し状況を変えさえすれば容易に〈力強さ〉になり、〈工夫しだいでなんとでもなる〉ものに変わります。たとえば、片頭痛もちの青年は家で〈手をあたためる練習〉をするのに気が進みませんでした。セラピストが青年に「子どもたちに手をあたためる方法を学んでもらうためのビデオ作りを手伝ってもらえないか」と頼んだところ、彼は〈映画スターになるため〉一生懸命練習しました。同じように、多様な文化背景をもった学生たちのグループ指導にあたっていたインストラクターは、彼らが時々彼女にとって失礼でびっくりするようなことをするので、とまどっていました。彼女は他の教師たちが利用できる「文化的に異なる学生の指導法」という本を書こうと決めてから、新しい視点をもつようになりました。今では彼女は専門家として貴重な体験を分かち合うために新しい指導法を試みるようになりました。彼女の〈生徒から学ぶ〉ということは、彼女自身を救っただけでなく、同様の立場にある人たちにも貢献したのです。

　あなたの〈考え〉がやっかいもので災いのもとだと分かったなら、十分に広い視点から見て、それを〈贈り物〉や〈恵み〉に変えることができるのではないでしょうか？

表現のしかた

　私たちのことばは、「私たちが自分のことをどう思っているか、人とどのような関係をもちたいと願っているか」をよく表しています。この〈表現のしかた〉の違いは、健康に深く関係しています。

❋ 表現を変えてみよう

　イメージとうちなる会話を変える第1歩は、自分自身や過去の体験を語る表現を変えることです。こうすることで変化への扉が開きます。

1. 「いつも」を「今回は」と言いかえる。たとえば「試験でいつも失敗する」と言わずに、「この前の試験は失敗した」、「今日の試験では間違えた」と言ってみましょう。こう言いかえることで、「これから先の試験でいつも失敗する」くり返しを止めることができます。〈いつも〉、〈絶対〉と思うと、自己暗示にかかります。
2. 「できない」を「したいと思わない」と言いかえる。「スキーはできない」を「スキーの練習に時間をとりたいと思わなかった」と言いかえることができます。「できない」と言いながら、実は「好きではない」、「それほどしたくない」という意味のことがあります。
3. 「しなければならない」を「する（ことを選択する）」と言いかえる。このことばを言いかえることで、自己責任で選択することになります。「宿題をやらなければならない」は「私は宿題をやる（やることを選択する）」となります。「しなければならない」は、「選ぶ」や「できる」と言いかえることができます。
4. 「でも〜」を「〜も、〜も」と言いかえる。「新しいヘアスタイル、ステキね。でももう少し長いほうが良くないかしら」と言うとき、本当に言いたいことは、「そのヘアスタイルは短すぎて好きではない」ということでしょう。「新しいヘアスタイル、ステキね。もう少し長いのもいいけれど」と言うならば、あなたが彼女の長い髪に慣れていてそれが好きだったことと、短くなった今も良いと思うことを両方伝えることができます。もちろん、彼女の新しいヘアスタイルが全く気に入らないこともあるでしょう。そんなときは、それをけなすかわりに〈なにも言わない〉ことを選べば良いのです。
5. 〈絶対〉を〈相対〉に変える。これはことばの言い方を変えるというよりは、私たちの概念の枠組みを変えることに関係しています。たとえば議論で自分の意見が聞き入れられないとき、ある人は「行き詰った」と考えます。つまり状況を変えていく望みがないという意味です。これを「今は向かい風のとき」と言いかえると、そのうちに風向きも変わるだろうというニュアンスになります。
6. イヤな体験をこころのなかで考えたり思い出して再体験するのをやめる。これは重要なことです。プロの運動選手はこの理論を用いています。たとえば、ある作家がプロで世界レベルのスピードスケート選手に「失敗したときはどうするので

すか？」と尋ねました。彼女は答えました。「なにがいけなかったのかをふり返り、誤りをなおし、それからイメージのなかで完璧にできたところを描いてみます」。

このように、彼女は失敗したイメージを再び思い描くことは決してしません（失敗を成功に変える、練習10、p.136）。

❧ 新しい表現を選択する

自分のことばづかいに注意を向けてみましょう。ことばに出しても黙っていても、こころのなかで思い浮かべることばを、〈自分をダメにしていく〉表現から〈元気を与えてくれる〉表現に変えていきましょう。

こんな〈ことば〉を	こんな表現に変える
でも（前文の否定） →	～も～も、そして、だから
できない →	したいと思わない したくない
しなければならない →	する、しない
～すべき →	しようと思う（選択する） することができる
～ではないのかと心配 →	心配だけれどやってみよう ～が気になっている
絶対～ →	ことが多い
いつも ふつう →	時々、しばしば ～のこともある

❧ 考えを止める方法

〈考え〉はときに生命をもっているかのように見えることがあります。あることについて考えるのをやめて、肯定的な表現に言いかえようと決心しても、以前からの否定的なことばが頭のなかをグルグル回るものです。「もう考えない！」とことばにしても叫んでも、考えは止まりません。行動療法でよく用いられる有効な方法のひとつに、輪ゴムをパチンとはじいて考えを止め、そして新しい肯定的な考えにおきかえるというのがあります。輪ゴムを手首にはめて、良くない考えが起こってきた瞬間に輪ゴムをひっぱり、放してパチンと手首をはじきます。それを合図に新しい肯定的な考えやイメージを始めるのです。良くない考えやイメージが起こるたびに同じようにします。

書く練習

　習慣になっている自分の口ぐせを変えるために、今までの古い口ぐせを書いてみましょう。そして新しい、元気を与えてくれるような表現を書いてみましょう。「ワーク・シート　こころのなかの〈ことば〉を変える：練習8」に、あなたによく浮かんでくる考えやことばを書いてみましょう。それから、あなたや周囲の人を元気づけるような表現に言いかえてみましょう。そして、そう言いかえることがあなたや周囲の人に与える影響を、実感してみましょう。

❀ さらに進めたい人に…

　肯定的な表現で話す練習を誰かとしてみましょう。「しなければならない」、「すべきだ」ということばが一般によく使われる話題、たとえば〈義務〉や〈契約〉についての話題を選びます。聞き役は話し手がうっかり否定的な表現をしたときにそれをメモしておいて、何分か話したあとでそれについて話し合ってみましょう。それから役割を交代してやってみましょう。

　友人や家族に、あなたが否定的な表現をしたとき気がつくように助けてもらいましょう。「でも」「すべき」「できない」などの言葉をつかっていないかどうか、1週間ほど友人とお互いに確かめ合ってみましょう。「否定的な言葉をいちばん多くつかった人はみんなに夕食をおごる」などとしてみるのも良いでしょう。

　自分の会話を録音して、自分の話し方を聞き直してみましょう。否定的な表現に気づくたび、肯定的な表現に直して大きな声で言ってみましょう。

家での練習の目標は次のようなことです：

> 1. 自分の会話のパターンに気づく
> 2. 否定的な表現パターンを変える練習をする
> 3. 肯定的に言いかえることの違いを体験する

　毎日「記録用紙　こころのなかの〈ことば〉を変える：練習8」に記入してください。1週間の終わりに「質問　こころのなかの〈ことば〉を変える：練習8」に答え、グループに参加したなら、「ディスカッションとまとめ　こころのなかの〈ことば〉を変える：練習8」に記入してください。

　さらに進めたい人に：練習8を終えた後で、今までの体験をふり返ってみましょう。

第1章の「ふり返りとまとめ：あなたの体験をまとめる」「まとめ（サマリー）を書くために」(p.16)を参考に、自分の体験を書きとめておくと、あなたの体験をふり返り、統合する助けとなります。

> ワーク・シート

こころのなかの〈ことば〉を変える：練習8

年　　　月　　　日

お名前＿＿＿＿＿＿＿＿＿＿

あなたがよく口にする〈否定的なことば〉を〈肯定的な表現〉に言いかえてみましょう。

1. ～すべきである

言いかえ：

2. ～しなければならない

言いかえ：

3. ～できない

言いかえ：

4. ～できるはずがない

言いかえ：

5. いつも～

言いかえ：

6. 決して～ない

言いかえ：

記録用紙

こころのなかの〈ことば〉を変える：練習 8

お名前＿＿＿＿＿＿＿＿＿＿＿＿

　毎日の練習の後、①どんな風に〈否定的なことば〉を〈新しい肯定的な表現〉に言いかえたか、②〈肯定的な表現〉を言うのに役立ったこと（こころの状態、誰かがそばにいたなど）、③〈肯定的な表現〉を言って体験したことを、書いてみましょう。

1日目（　　月　　日）

①

②

③

2日目（　　月　　日）

①

②

③

3日目（　　月　　日）

①

②

③

4日目（　　月　　日）

①

②

③

5日目（　　月　　日）

①

②

③

6日目（　　月　　日）

①

②

③

7日目（　　月　　日）

①

②

③

質 問

こころのなかの〈ことば〉を変える：練習8

　　　　　　　　　　　　　　年　　月　　日〜　　月　　日
　　　　　　　　　　　　　　お名前＿＿＿＿＿＿＿＿＿＿

1-1．この練習をして良かったのはどのようなことでしたか？

1-2．心のなかの〈ことば〉を変えることで、あなたの体験や感じる世界はどのように変わりましたか？

2．なにか困ったことはありましたか？

3．どのようにそれを解決しましたか？

4．その他、気づいたこと、感じたことは…

> ディスカッションとまとめ

こころのなかの〈ことば〉を変える：練習8

　　　　　　　　　　　　　　　　　年　　月　　日〜　　月　　日
　　　　　　　　　　　　　　　　　お名前＿＿＿＿＿＿＿＿＿＿

1. グループ・メンバーの話で印象に残ったのは、どのようなことでしたか？

2. あなたに役に立ちそうなことは、どのようなことでしたか？

3. その他、気づいたこと、感じたことは…

エネルギーの消耗を
エネルギーの蓄積に変える[2]：練習9

　その週のデータを入力する仕事がとても苦痛だった。それがイヤでいつも後回しにしていた。そのことを隣の席の同僚に話すと、彼はデータ入力の仕事は苦にならないことがわかった。そこで仕事を交換して、彼が入力を担当し、私はファイルづくりをすることにした。

　今朝目覚めたとき、あなたは生きている喜びや幸せ、エネルギーを感じ、今日の楽しみなことをなにか思いましたか？　それとも重い体を引きずるように布団から出て、単調な1日がまた始まったのでしょうか？　どのような思いで1日を始めているかを思い起こしてみてください。
　もちろん日々のやらなければならない仕事や退屈な仕事もあるけれども、「人生は生きる価値のあるもの」「人生は楽しいもので、自分のほしいものを手に入れる機会がある」と思えると、私たちはより健康になっていきます。反対に、「人生は所詮思い通りにならないもの」と思っていると、病気にもなりやすくなります。人生の目的や希望をもっていることが、がんやHIV感染をもちながらも長生きできるということに広く関係しています。
　健康であるために大切なことは、日々の生活を「あなたのエネルギーを消耗させる状態」から、「もっとエネルギーを与えてくれるような行動」で満たしていくことです。エネルギーはいきいきとした活力として感じられます。エネルギーを高めてくれるものは、気分が良くなり少しワクワクするような活動や仕事、考えなどで、自分でも「それをしたい」と思うようなことです。反対にエネルギーを消耗させるものは、やる気をなくしたり元気が出なかったりすることで、「しなければならない」ことだけれど実は「やりたくない」ということです。どのようなことがエネルギーを下げるか上げるかは、人によって異なります。困難に出会うとエネルギー・レベルが下がることもあるし、かえってエネルギー・レベルが上がることもあります。そしてその問題への

2　この練習は、Arnold BakkerのPreventie en behandeling van RSI bij beeldschermwerkers, at the NPI Cursus, Arnhem, The Netherland, 2001. からの改変。

対策が立つとエネルギーの消耗は少なくなり、蓄積が増していきます。

　今週は家や職場、学校などで、特に自分のエネルギーを消耗させているもの、エネルギーをロスさせるもの、自分がすり減る感じがするものを観察してみましょう。そしてエネルギー・レベルを上げているもの、元気になるものを意識する練習をしてみましょう。

　「ワーク・シート　エネルギーの消耗をエネルギーの蓄積に変える：練習9」に、エネルギーの蓄積を増やし消耗を減らすにはどうすれば良いかを詳しく書いてみましょう。エネルギーの消耗を減らしたこと、蓄積を増やしたことを「記録用紙　エネルギーの消耗をエネルギーの蓄積に変える：練習9」に毎日記入してみましょう。1週間の終わりには「質問　エネルギーの消耗をエネルギーの蓄積に変える：練習9」に答えてください。グループに参加したなら「ディスカッションとまとめ　エネルギーの消耗をエネルギーの蓄積に変える：練習9」に記入してください。

> ワーク・シート

エネルギーの消耗をエネルギーの蓄積に変える：練習９

年　　月　　日
お名前＿＿＿＿＿＿＿＿＿＿

1. 仕事に関してあなたのエネルギーを上げるもの、消耗させるものをあげてみましょう。

①エネルギーを上げるもの

②エネルギーを消耗させるもの

2. 家で（仕事以外で）あなたのエネルギーを上げるもの、消耗させるものをあげてみましょう。

①エネルギーを上げるもの

②エネルギーを消耗させるもの

3. あなたのエネルギーを上げるもので増やしたいもの、エネルギーを消耗させるもので減らしたいものを選んでみましょう。今週はそれについて練習します。

①エネルギーを上げるもの

②エネルギーを消耗させるもの

4. エネルギーの蓄積を増やし、消耗を減らすためにはどうしたら良いでしょうか？できるだけ詳しく具体的に書いてみましょう。いつ、どこで、どのように、誰と、どのような状況でということも含めて、起こりうる問題やその対処法も書いてみましょう。

①エネルギーの蓄積を増やすためにすることを書いてみましょう。

②エネルギーの消耗を減らすためにすることを書いてみましょう。

③この練習を進めるうちに起こりそうな問題はどのようなことでしょうか？

④その問題をどのように解決しますか。また練習をどのように変えたら良いでしょうか？

記録用紙

エネルギーの消耗をエネルギーの蓄積に変える：練習９

お名前＿＿＿＿＿＿＿＿＿＿

　あなたのエネルギーを上げるもので増やしたいもの、エネルギーを消耗させるもので減らしたいものを書いてみましょう。エネルギーの蓄積が増えた体験、消耗が減った体験を毎日記録しておきましょう。

- エネルギーを上げるもので増やしたいもの
- エネルギーを消耗させるもので減らしたいもの

１日目（　　月　　日）

２日目（　　月　　日）

３日目（　　月　　日）

4日目(　　月　　日)

5日目(　　月　　日)

6日目(　　月　　日)

7日目(　　月　　日)

質問

エネルギーの消耗をエネルギーの蓄積に変える：練習９

　　　　　　　　　　　　　年　　月　　日〜　　月　　日
　　　　　　　　　　　　　お名前＿＿＿＿＿＿＿＿＿＿＿＿

1. エネルギーの蓄積が増えたことで、なにか良いことはありましたか？

2. エネルギーの蓄えを増やすのに役立ったのは、どんなことでしたか？

3. エネルギーの消耗を減らしたことで、なにか良いことはありましたか？

4. エネルギーの消耗を減らすのに役立ったのは、どんなことでしたか？
　　どのようにして消耗を減らすことができたのでしょうか？

5. その他、気づいたこと、感じたことは・・・

> ディスカッションとまとめ

エネルギーの消耗をエネルギーの蓄積に変える：練習９

　　　　　　　　　　　　　　　年　　月　　日〜　　月　　日

　　　　　　　　　　　　　　　お名前＿＿＿＿＿＿＿＿＿＿＿＿

1. グループ・メンバーの話で印象に残ったのは、どのようなことでしたか？

2. あなたに役に立ちそうなことは、どのようなことでしたか？

3. その他、気づいたこと、感じたことは・・・

失敗を成功に変える：練習10

　スキーの回転競技の間、私は速く滑ることだけを考えていた。衝撃を受けて私は時速80kmの速さで斜面に投げ出された。パトロール隊が私を救護用のソリに乗せてふもとに下ろし、病院に運んでくれた。その間中私は「どうしてこんなことになったのか」と問い続けていた。誰かが私を見舞うたびに、「どうしてこんなことになったのか？　なぜケガなどしたのか？」と言う。そのたびに私は事故の状況を語って聞かしたのである。

　ついに私が競技スキーに復帰したとき、私は強靱さをなくしていた。スピードが出たり衝撃を受けたりすると、ひどい傷を受けたときのことを思い出して怖くなってしまった。そして私は、スキーで失敗する体験をくり返していることに気がついた。その事故の場面を何百回も心のなかで再現していたのだ。最初に「どうして」と自分自身に問いかけたとき、事故のことをコーチに、両親に、友人に、問われるままに話すたびに、こころのなかで再体験していたのだ。スピードが出るたびに、体がこわばる過剰反応が出ていたのだ。

　そのことが分かってからは、「ケガをしないようにするのに、どんな違った滑り方ができただろうか」と自分に聞いてみることにした。答えは明白で、「スピードが出すぎたならば、衝撃を受けたときには息を吐いて、膝をやわらかくして、脚の体制を立て直すことだ」。そう自分と会話するようになってからはめったに転ばなくなった。このときから私は新しいイメージをくり返し思い浮かべるようになった。スキーや事故のことを思うたびに、実際にこの〈新しいイメージ〉を思い浮かべるようにした。友人が事故のことについて尋ねたときでも、この〈新しいイメージ〉を思い浮かべるようにした。事故のことを話すかわりに、「私はケガをしたけれど、今はどのように滑っているかを聞いてくれよ」と言うようになった。

　このイメージの練習を数週間した後、私のスキーは目覚しく上達した。このことは私に大切なことを教えてくれた。失敗したことを思い出すかわりに、「その体験からなにを学ぶことができたのか？　どのように違ったやり方ができただろうか？」と自分に問いかけることにしている。今では「こんなことをしなければ良かった」と思い返すかわりに、「こんなふうにしよう」と思い浮かべることに時間をつかっている。

失敗したとき、どうするでしょうか？　自分をふり返り、後悔したり、自責の念にかられ、「あんなことするのではなかった…」とくり返すでしょうか。間違いや失敗は私たちになにかを気づかせてくれる〈信号〉であって、これが成長していくための大切な要素です。しかし何度も何度も思い出して肝に銘じることが、二度と同じことをくり返さないための良い方法ではありません。くり返し思い出すとまた同じことをくり返すことになるからです。「どのように違ったやり方ができただろう」とイメージすることで、これからの行動が新しくつくられていきます。過去のことを思い返すとき、実際にそれがどうだったのかを思い出す必要はないのです。

　心配症は、否定的な考えをくり返すひとつの例です。イメージも認識している世界も訪れる感じも、あなたのこころのあらわれです。失恋したとき、悲しいことがあったときのことを思い出してみましょう。その日１日、愛する者を失った悲しい気分で過ごしていませんでしたか。自分でも気づかないうちに、無意識の思いが日々の体験を色づけしているのです。成功するイメージは肯定的な思いのくり返しであって、これをもっていると、以前に経験したことのある癒しのイメージが無意識のうちに広がります。

　「ああすれば良かった」と後悔している自分に気づいたならば、そこで止めることです。気づき変わっていく力が自分にも備わっていると信頼することです。ゆっくりと呼吸を整えてリラックスして、自分に問いかけてみましょう、「もう一度できるなら、どうするだろう？」と。そして新しくやり直すイメージをしてみるのです。

　私たちは現実生活がスムーズに運ぶように、意識的無意識的にこころのなかでイメージをくり返しているものです。たとえば会議で質問されそうなことを予測し、それに対する答えを考えることでしょう。就職の面接を練習することもあるでしょう。何度か練習すると、実際の行動もラクにできるようになります。〈なりたい自分〉のイメージをくり返し描けば描くほど、実際にそのとおりに行動できるようになるのです。ほとんどすべての陸上選手や音楽家などは、より良い結果が出せるようにするためにイメージ・トレーニングを行います。

　イメージは絵のように見えるものだけではありません。たとえばバスケットボールの選手であれば、ボールをドリブルしている手の感触、ジャンプした脚の感じ、そしてシュートしたボールがゴールネットに吸いこまれる音などをイメージします。より具体的にハッキリとイメージできればできるほどイメージ・トレーニングの効果は大きくなり、またイメージを楽しむことができます。

　４番ホールで読み間違いをしてボールを池に入れてしまったゴルファーは、あわてたり落ち込んだりするかわりに、まず自分が「ミスをした」ことを認識しました。そ

して「問題はなにか」と自分に問いかけてみました。十分打ち切れていなかったのだろうか、風を計算に入れていなかったのだろうか、あるいは情報が足りなかったのか、などと考えました。彼は風を計算に入れていなかったのだという結論に達し、「望むような結果を出すにはどのように違った打ち方をすればよいか」と自問してみました。それから彼は実際に、ボールを打つ音や感触をイメージしてみました。こころのなかで何回も適切なスイングをイメージし、そのたびごとに5番ホールからはボールがグリーンの中央に落ちるイメージをしたのです。完璧なスイングのイメージができてからそれを体に移していきました。一緒にまわっている仲間がどうしたのかと尋ねるころには、「池に落ちてしまったけれど、今度はこんなふうに打ってみようと思うんだ」と答えました。このように過去の失敗は、〈なりたい自分になる〉きっかけになるのです。

　リラックスしていてものごとを肯定的に考えられるときは、誰もがもっているこのような智慧と資質とが発揮できるものです。こころのなかで良いイメージをくり返すことで変化が起き、失敗した状況を変えていくきっかけを与えてくれます。このことは責めたり評価したり批判しないで、私たちに起こることを受け入れていくプロセスでもあります。

　タバコをやめたいと思っている人は自分のことを、「タバコは吸いません」とも「タバコをやめようと思っています」と言うこともできます。一般的には「タバコは吸いません」と言う人のほうが、「タバコをやめようと思っています」と言う人よりも、禁煙に成功します。「やめようと思っています」と言うとき、その人は自分が「ずっとやめたいと思っているけれどやめられない」イメージをくり返しているからです。

　過去を書きかえる練習は、単純なことから始めると良いでしょう。たとえばレジで順番を待つときにいつもイライラするとします。この前イライラ緊張して腹が立った場面を思い出してみましょう。レジに近づくと店員は仕事が遅く、あなたはブツブツ文句を言って、彼女に冷たい視線を送りました。その行動を変えたいと思うなら、長い列で順番を待っているところをイメージしてみましょう。イライラし始めたら「行動を変える」と決めたことを思い出して、「バカバカしい」と言ってみましょう。深呼吸をしてリラックスして、「これはいつもの習慣を変える良いチャンスだ」と思ってみましょう。店員があなたの買い物をチェックし始めたら、「こんなに行列されたら大変でしょうね」と彼女に声をかけてみましょう。店を出るとき、自分をコントロールして穏やかな気持ちでいられたこと、店員にもやさしくなれたことを自分でほめてあげる、イメージをくり返してみましょう。そして、実際にその動作をしてみましょう。

イメージ・トレーニングを成功させる秘訣は、日常の生活動作に結びつけて練習することです。日中の少しの時間でリラクセーションの練習をし、イメージ・トレーニングをする工夫として、日常動作のなにかをきっかけにするのです。たとえば顔を洗う、水を飲む、歩く、トイレに行くなどです。

一般的な注意

　できるだけ詳細にイメージしてみましょう。ちょっとしたこと、感じたこと、思ったこと、それをするときに起こるどんなことでも思い出してみましょう。今までとちがう行動をしてみることです。過去を書きかえることはその練習になります。古いパターンが思い出されたらそれをどこかにおいて、もう一度練習しましょう。
　変えられるのは自分だけです。他の人は自分の好きなように行動する自由と権利とをもっていることを忘れないでください。あなたが変わることで周囲の人の反応も変わるかもしれませんが、彼らは変わらないかもしれません。私たちにはどうにもならないこともあります。どうにもならないことにぶつかったときは、「自分はもはや過去の自分ではない」と言い、深呼吸をして体をリラックスさせて、この体験があなたを成長させてくれたことを思ってみましょう。

具体的な練習方法

　自分が変えたいと思う、今までの行動パターンを思い返してみましょう。どんなところが問題なのか、どうすれば良いのかを考えてみましょう。それから、智慧をはたらかせて、こころのなかでくり返す新しい行動パターンを「ワーク・シート　失敗を成功に変える：練習10」に書いてみましょう[3]。これにもとづいて「失敗を成功に変える文章」をつくります。新しい行動パターンをイメージするのはむずかしいことかもしれません。しかしたとえ小さなことであってもなにか失敗するたびにそれに気づき、そのときこころのなかで〈なりたい自分〉を描きなおすことで、そうできるよ

3　たいていの人は、続けたくない行動パターンから新しいパターンを考え出すことができますが、「新しい行動パターンをイメージすると、空々しくウソのように感じた」という人もいます。もしもそのように感じたときは「過去の体験から学んで、今はしたい行動がとれるようになった未来の自分をイメージしているのだ」と、声に出して言ってみましょう。

うになるのです。次の5つのことを利用してください。

1. あなたがなんとかしたいと思う行動で、過去に起こった問題や状況を思い起こしてみましょう。
2. 「どのように、違ったやり方ができただろうか」と自分に問いかけてみましょう。
3. 同じ状況で違う行動をとったときどうなるかを、智慧をはたらかせてイメージしてみましょう（これを何回も練習すると良いでしょう）。
4. 今までのパターンで行動したときに起こる結果と、自分がしたいと思う行動をとったときの結果を思い浮かべてみましょう。
5. ニッコリほほえんで、自分の未来を変えられたことを自分でほめてあげましょう。

❖ さらに進めたい人は…

　誰かと2人で行います。自分がしたいように行動できるようになったときのことを想像して、新しい行動パターンをイメージのなかでくり返してみましょう。それからもう1人の人に、その新しい行動を実際にとったように話してみましょう。自分がそうしたいと思うことを、実際にできる自分になれたかのように、話をしてみましょう。役割を交代して練習を続けます。

　「なりたい自分になれた」と、過去にもう起こったこととして話をするだけで、新しい行動パターンを実際に今、進めていくことができるのを体験してみましょう。

＊解説＊　多くの人が、新しい文章をつくるために過去の失敗を細かく説明することから始めます。その行動パターンが強固であるほど、過去の失敗について話したくなる傾向は強くなります。

> ワーク・シート

失敗を成功に変える：練習10

　　　　　　　　　　　　　　　　　　　年　　　月　　　日
　　　　　　　　　　　　　　　　お名前＿＿＿＿＿＿＿＿＿＿

「書きかえたい行動」について書いてみましょう。

「新しい行動パターン」について、詳しく書いてみましょう。

失敗を成功に変える：練習10

　ラクな姿勢をとってください。体中の筋肉全部に力を入れてみましょう。そして力が入った感じを味わってみましょう…はい、力を抜いて、リラックスさせていきましょう。リラックスした感じが体中に広がっていくのを味わってみましょう…目は軽く閉じたまま…呼吸に気持ちを集めてみましょう。できるだけラクにおなかの下のほうで呼吸を続けましょう…息を吸うときはおなかが外側に膨らみます。腰のあたりが膨らむのを感じてみましょう…息を吐くときに体中の力が抜けていきます。おなかがへこむのを感じてみましょう…呼吸はゆっくりラクに続けたまま…息を吐くとき、はるか遠くから青い波がやってくるとイメージしてみましょう…深く呼吸をするごとに、リラックスした感じも深めていきましょう…自分の心地よい、とてもリラックスした状態に入っていきましょう…あなたのリラクセーション・イメージを用いて、少しずつ深めていきましょう…

　今までに体験したことで、もっと違った行動をとれば良かったと思っている場面を思い浮かべてみましょう…ちょうど映画を見ているように、少し離れたところから、そのできごとを始めから終わりまで眺めてみましょう…「今ならばよく分かる、どうすれば良かったのか？」と自分に問いかけてみましょう…いろいろな答えが返ってくるでしょう…その答えはどのようなものでしょうか…その答えをイメージしていってみましょう。答えが浮かばなければ、前に書いた〈こうなりたい自分〉をイメージしてみましょう。

　もう一度、あなたが書きかえたいと思っている行動を思ってみましょう。…もう一度映画を見ているように、そのできごと、そこにいた人、あらゆることを細かく思い浮かべてみましょう。そして今度は、新しい行動パターン、自分がこうしたいと思う行動をとっているところをイメージしてみましょう。自信をもち、気持ちが安定しながらそのことができている自分、ずっとラクに心地よく呼吸ができている自分を眺めてみましょう…

　他の人を変えることはできません。変えられるのは自分だけです。

　あなたの行動が変われば、周囲の人たちの反応はどのように変わるでしょうか…

　そのできごとを最後まで見とどけたなら、自分の呼吸に気持ちを集めてみましょう。息を吸うときにおなかが膨らみ、吐くときにへこむ、その動きを感じてみましょう。とてもリラックスして、穏やかな今の感じをよく味わっておきましょう…

　もう一度、その場面を思い浮かべてみましょう。それからどうなっていくのでしょうか…こうしたいと思う行動がとれた自分が、それからどうなっていくのかを眺め、感じてみましょう…

　その場面をゆっくり味わったなら、ゆっくりとしたラクな呼吸に気持ちを集めてみましょう…気持ちが穏やかに落ち着いている今の感じを、よく味わっておきましょう。呼吸

はゆっくりと続けたまま、どんどんとリラックスさせていきましょう。吐く息を長くしてみましょう…そのできごとについての感じが違ってきていることを意識してみましょう。自分でコントロールできる感じと自然に起こってくる感じに注意してみましょう…その感じを感じておきましょう…この練習をくり返していけば、なりたい自分になれるようになります…

　では、大きく深呼吸をしてゆっくりと体を伸ばして、しずかに目を開けましょう。自分の体に合わせてゆっくりとこの場に帰ってきましょう。

　毎日この文章で練習した後で、「記録用紙　失敗を成功に変える：練習10」に記入してみましょう。1週間の終わりには「質問　失敗を成功に変える：練習10」を、グループに参加したなら「ディスカッションとまとめ　失敗を成功にかえる：練習10」を完成させてください。

> 記録用紙

失敗を成功に変える：練習10

　　　　　　　　　　　　　　　　　　　　年　　　　月　　　　日

　　　　　　　　　　　　　　　　　　お名前＿＿＿＿＿＿＿＿＿＿＿＿＿＿＿

1. リラックスしてこころのなかで過去を書きかえたとき、どのような体験をしましたか？（毎日同じ〈書きかえ〉をしても良いし、別のことを書きかえてもかまいません）
2. こころのなかで書きかえようと思ったことを、毎日ひとつ書いてください。そのことが起こったすぐ後に書くのが良いでしょう。書きかえることでそのことに対する感じはどのように変わりましたか？

1日目（　　月　　　日）

①

②

2日目（　　月　　　日）

①

②

3日目（　　月　　　日）

①

②

4日目（　　月　　日）

①

②

5日目（　　月　　日）

①

②

6日目（　　月　　日）

①

②

7日目（　　月　　日）

①

②

質　問

失敗を成功に変える：練習10

　　　　　　　　　　　　　　　　　　　　　　　年　　　月　　　日
　　　　　　　　　　　　　　　　　　　お名前＿＿＿＿＿＿＿＿＿＿

1. 毎日こころのなかでくり返し練習したことで良かったのは、どのようなことでしたか？
   ....

2. 体験を書きかえることで、あなたの気持ちはどのように変わりましたか？
   ....

3. 〈なにかが起こったすぐ後に体験を書きかえること〉を忘れないようにするために、どのような工夫が役に立ちましたか？
   ....

4. 困ったことはどのようなことでしたか？
   ....

5. どのようにしてそれを解決しましたか？
   ....

6. その他、気づいたこと、感じたことは…
   ....

> ディスカッションとまとめ

失敗を成功に変える：練習10

　　　　　　　　　　　　　　　　　　　　　年　　　月　　　日
　　　　　　　　　　　　　　　　　　お名前＿＿＿＿＿＿＿＿＿＿

1. グループ・メンバーの話で印象に残ったのは、どのようなことでしたか？

2. あなたに役に立ちそうなことは、どのようなことでしたか？

3. その他、気づいたこと、感じたことは…

問題解決のための9つのステップ：練習11

　行動を変えることは環境を変えることも含んでいます。問題解決のための9ステップは私たちの生活上の問題をはっきりさせ、変化を進めるのに役立つことでしょう。
　この方法を用いて取り組む問題を選ぶことができます。また一般的な解決方法や役に立ちそうな解決方法を見つけ、計画を立て、自分の変化を確かめることができます。ほとんどの問題は、初めは明らかでなくても、なんらかの解決方法があるものです。必要なのは「工夫しやってみようという思い」と「遊びごころ」です。まず全体の文章と例に目を通してください。それからステップ1からステップ9まで、自分の考えを組み立てながら、少なくとも30分以上かけて「ワーク・シート　問題を解決する：練習11」を完成させてください。計画を実行するときに、ステップ8と9を記入してください。

問題解決のための9ステップ

1. 問題を見極める。問題だと思っていること、困っていることをすべて紙に書いてみましょう。その問題に順番をつけ、今取り組みたいと思う問題をひとつ選びましょう。その問題についてできるだけ詳しく、いつ、どこで、なにが、どのように、どれくらいと具体的にハッキリと書いてみましょう。問題があいまいでハッキリしないと、効果的に問題に取り組むことができません。問題が大きすぎると解決するのはむずかしいでしょう。たとえば「いつも自信をもてなくてビクビクしていること」よりも、「仕事に関して自信がないこと」に問題を絞るほうが容易です。問題解決の方法を学ぶのには、小さなことから始めましょう。

2. 解決方法をひらめかせる。ささいなことでも、途方もないことであっても、考えられるあらゆる解決方法を書いてみましょう。できそうな解決策かどうかと、考えたり判断したりする必要はありません。自由に思いつくままにしておきましょう。このステップでの起きやすい問題は次のようなことです。

   ● 解決方法を思いついたときに評価や判断してしまう（たとえば「バカバカしい思いつきだ」「私にはできそうにない」と考えてしまう）。あれこれ思いをめぐらしてひ

らめく作業が終わるまで、〈判断〉するのはやめましょう。そして子どもじみたバカバカしいアイデアがもっと浮かんでくるようにしましょう。

- 解決方法を思いつかない。（たとえば、頭が真っ白になったり、思考が止まったりする）。このような場合は、なにか抵抗が起こっていることを自覚して、誰かに意見をもらいましょう（たとえば、友人、セラピスト、母親、政治家、犬、スーパーバイザーなど）。
- この問題はどうにもならないように思う。もしもその問題がどうしようもないほど大きくてなにもできないならば、2つの方法があります。その状況を受け入れることと、その状況や問題から抜け出すことです。

考えられる解決方法をすべて書き並べたなら、少し休んでその他になにか思いつくことはないかどうか確かめてみましょう。できれば友人や家族や同僚に頼んで、解決方法を提案してもらいましょう。

3. ひらめいた解決方法を見直し評価する。それぞれの解決方法について、長所（利点）と短所（問題点、むずかしさ）を書き出してみましょう。

4. 最も良い解決方法を見つける。解決方法について評価したことを見直して順番をつけ、最も良い解決方法を選びましょう。実行可能な解決方法が見つからなかったら、今はそのことを受け入れ、問題の解決方法を探し続けましょう。問題がすぐに解決できなくてもあきらめないことです。今後この問題についてもう一度ふり返る時期を区切り、また人の助けを借りましょう。もしできれば、専門家に相談して問題を解決するための助けを求めましょう。

5. 解決方法を実行する計画を練る。できるだけ入念に実行計画を練りましょう。いつ、どこで、誰と、どのように、どのような状況でと、できるだけ具体的なほうが良いでしょう。時間の経過も考慮しましょう。実行計画を細かく決めるうえで、よく起こる問題は次のようなことです。

   ①具体的でない。もしも細かい計画を立てずに、ただ「やってみればいい」と考えているならば、期待するような結果は得られないでしょう。

   ②計画を実行に移すだけの力がないと思い込んでいる。（たとえば、高価すぎる、むずかしすぎる、大胆すぎるなど）。この問題を解決するために、自分の解決方法を見直し、他の人の助けをもとめる時間をとりましょう。「三人寄れば文殊の知恵」ということを忘れないでください。

6. 実行計画を心のなかでくり返す。その計画を行うところをイメージしてみましょう。計画遂行のジャマになりそうな障害や問題を予想してみましょう。そしてその障害や問題を乗り越えられるように、計画を練り直しましょう。実は障害はあなたのこころのなかにあって、他の誰かから制限されたり強制されたりしてはいないということが

しばしばあります。

7. 障害をイメージして実行計画を修正する。障害を避け、乗り越えていく方法を具体化しましょう。そのとき、できるだけ具体的に計画を立てることです。自分が何をしたいのか、いつしたいのか、どのようにそれをするのか、具体的に分かっていることが大切です。

8. 計画を実行し、できたことを詳しく記録する。計画を実際に行ったとき、現実にどのようなことが起きたのか詳しく書きとめておきましょう。また計画を実行した結果をふり返る予定を立てておきましょう。よく起こる問題は次のようなことです。

①実際にどのようなことが起きたか記録しない。書きとめておかないと、どうしてうまくいったのか、またうまくいかなかったのかが後で分からなくなってしまいます。

②計画を実行した結果をふり返る予定を立てない。

9. 実行計画を後から評価する。実行した計画の結果をふり返ってみましょう。もし効果があれば続け、目標にほど遠ければやめてみましょう。成功からかけ離れていたなら、ステップ1にもどって、問題解決の方法を探し、実際に起こった障害に対応できるような新しい実行計画をつくり直しましょう。よく起こる問題は、計画を実行する時間的余裕がない、別のことが先に起こって計画を実行できなかった、社会的な圧力などです。

次に書かれているのが、問題解決のための9ステップの例です。

1. 問題を見極める

キーボードの位置が高すぎて、コンピュータで仕事をするときに肩に力が入る。1日の終わりに肩がこり腕が痛むのは、このせいだ。

解説：この問題は「キーボードの位置が高すぎる」ということと、「肩や腕の痛みがある」という2つの事柄を含んでいるので、分けて具体的に書くことが必要です。

問題をできるだけ具体的に書くと

①キーボードが高すぎる。

②仕事の日は夕方には肩や腕が痛む。

自分が今解決したい問題をひとつ選びます。ひとつの問題の解決が他の問題の解決につながるような場合でも、ひとつ選んでください。この例では〈キーボードが高すぎる〉ことについて考えることにします。

2. 解決方法をひらめかせる
　①キーボード机を買う。
　②机全体が低くなるように、机の脚を短くする。
　③キーボードをつかわない他の仕事を見つける。
　④クッションをもってきてその上に座る。
　⑤音声入力プログラムを買う。
　⑥データの入力を手伝ってくれる人を頼む。
　⑦もっと低い机に変える。
　⑧脚を手術してもっと背を高くする。

3. ひらめいた解決方法を見直し評価する
　①キーボード机を買う。可能だが、お金がかかり、セットする時間もかかる。そうしてもマウスをつかう十分なスペースはないだろう。
　②机全体が低くなるように、机の脚を短くする。机の脚は木製なので可能。道具はあるか？　みんなはなんと言うだろう。上司に許可をもらう必要があるだろう。許可をもらうよりも謝るほうがラクだろう。
　③キーボードをつかわない他の仕事を見つける。ダメだ。今の仕事が好きだ。キーボードの高さを変えたいだけなのだ。
　④クッションをもってきてその上に座る。可能な解決方法で、少しはマシになるだろう。オフィスではかっこ悪いかもしれない。
　⑤音声入力プログラムを買う。可能だが、お金がかかる。それに１日中話しているなんてごめんだ。問題の解決にはならない。
　⑥データの入力を手伝ってくれる人を頼む。これができたら良いが、現実的ではない。人を雇うお金などない。
　⑦もっと低い机に変える。これも可能。でもお金がかかる。
　⑧脚を手術してもっと背を高くする。面白いが、バカバカしい！

4. 最も良い解決方法を見つける
　まず初めに一時的な方法としてクッションをつかってみよう。そして数日の間に机の脚を切るか、新しい机を買うか、どちらかで机を低くしよう。

5. 解決方法を実行する計画を練る
　ソファーの上にクッションがあるので、明日あれをもってこよう。午後にでも上司

に、低い机が必要なことを話してみよう。机の脚を切ることもできる。のこぎりももっているし、火曜日仕事の後にできる。同僚に頼んで、コンピュータを移動するのを手伝ってもらおう。

6. 実行計画をこころのなかでくり返す

（こころのなかで計画をくり返し、計画遂行の障害や問題となることを予測する。これを順番にやってみましょう）。上司に机が高すぎると言う場面をイメージしてみた。会社の技術者に、机はもっと低いほうが良いと提案したほうが良い。時間はかかるだろうが、失敗はしたくない。

7. 障害をイメージして実行計画を修正する

クッションをもってくる他に、上司に３つの提案をする。低い机を買う、机の脚を切る、会社の技術者たちに頼む。

8. 計画を実行し、できたことを詳しく記録する

火曜日にクッションをもって帰った。クッションは役に立ったが、脚が床につかなくて、脚をおくために電話帳を机の下に置くことになった。火曜の午後３時17分上司と話をして、机を低くすることに同意をもらった。上司は技術者に連絡し、木曜の10時に来て脚を8cm切った。

9. 実行計画を後から評価する

キーボードの位置は低くなったが、まだ肩がこる。次の問題として解決しよう。

ワーク・シート

問題を解決する：練習11

年　　　月　　　日

お名前＿＿＿＿＿＿＿＿＿＿

1－1. 問題を書いてみましょう。

1－2. 解決したい問題をひとつ選んで、詳しく書いてみましょう。

2. 解決方法を考える。解決方法を評価せずに思いつくだけ書いてみましょう。
　　バカバカしいことでもかまいません。

3. 思いついた解決方法を見直し、検討してみましょう。

4. 最も良い解決方法を選んで、詳しく書いてみましょう。

5. 実際にそれを行うときのプランを、具体的に書いてみましょう。

6. こころのなかでくり返して、起こりそうな問題を予測してみましょう。

7. 問題や障害を避け、乗り越える方法について書いてみましょう。

8. 計画を実行して、どうなったかを書いてみましょう。

9. 計画を実行した結果どうなったか、評価してみましょう。

隠している秘密を解き放つ：練習12

> 人間というものは、体のなかにもこころをおおう皮膚を幾重にももっているものだ。いろいろ知識はあるが、自分のことはよく分からないものだ。なぜなら、ちょうど牡牛や熊のように30も40もの皮膚やおおいが魂を隠しているからなのだ。こころの内を深く見つめて、自己理解を進めることだ。
>
> Meister Eckhart

> ガールフレンドに「父は頭がおかしい」と言いたかったけれど、言えなかった。彼女は僕をいぶかっているだろうか？　どう思うだろうか？
>
> 自分の家の恥をどうやって伝えることができるだろう。誰にも言えやしない。自分の家族にだって言えない。特に父には言えない。父はすぐみんなにしゃべってしまうだろう。母にも言えない。母はそんなこと聞きたがらないから。
>
> このことは誰も知らない秘密にしておかなければならない。僕の家族は完璧だという神話はなんとしても守らなければならない。でも自分の生活で分かち合えない部分があれば、どうしてガールフレンドと親しくなれるだろう？　話をするたびに、話すことを考え、隠し、カーテンを閉め、心を閉ざさなければならない。
>
> 学生

　なにか秘密をもっているとき、生活のなかで起こる感動的なことについて本当の考えや気持ちを言わないときはいつでも、自分を隠しているものです。なにかを恐れたり、罪の意識をもっているとき、打ち明けると家族や自分たちがどう思われるかと心配なときなどは、抑制がかかるものです。どのようなことなら話しても良いかという〈暗黙のルール〉は、それぞれ文化によって異なります。表現される内容は、その家の家風に加えて文化的に制限されています。

　なにかを隠したり、考えないように、感じないようにするのは、エネルギーが要ります。筋肉の緊張によって血管、呼吸パターン、免疫システムなどが影響を受けるのです。ことばや思いをのみこむと、体に力が入りやすいので、自分でも気づかないうちに首や肩の筋肉が硬くなっていることでしょう。長期的には健康に大きな影響を及ぼします。トラウマ（心的外傷体験）を話したり文章を書いたりすることでその体験

を再構築し、受け入れ統合し、洞察して癒されていくことができます。

　テキサス州ダラスのサウザン・メソジスト大学の教授ジェームズ・ペネバーカーは、トラウマについて書いたり話したりすることは健康の増進につながると報告しています。被験者は20分間、4日間続けて書く（もしくは録音する）作業をします。ある研究では過去のトラウマについて書くよう指示された被験者は免疫機能が上がり、その効果は6週間持続しました。大学に入ったことがトラウマだと書いた学生の約半数が、実験後6カ月以内に保健センターを訪れましたが、もっとささいなことを書いた学生にはこのような変化は見られませんでした）。多くを語った人の健康は増進しました。トラウマについて書いた直後は悲しくなったり落ち込んだりします。しかしこの気持ちはじきに去り、もっと良い気分になっていくものなのです[4]。長いこと苦しんできた問題について話せたとき、ほとんどの人が〈気持ちが軽くなった〉体験をします。告白して良いものかどうかと迷っている間は、体の調子は悪く、機嫌も悪く、睡眠不足になるのも自然なことです。

　もうひとつ興味深いことは、言いたくない考えや感情を隠しているとき、たとえば宿題、テレビを見る、食事、筋肉トレーニングなど、感情を入れずにできることはしますが、創造的なことや分析的に問題を解決することなどはあまりしません。人に言えないトラウマや認めたくない思いがあると、高度な思考をするのはむずかしいでしょう。おそらくこのことは、トラウマについて書いた学生の20〜30％が、成績を上げたことを説明しているでしょう。トラウマについて書いた別の学生は、左右の大脳半球の脳波がより一致するようになりました。このように、書くことは隠すための身体的負担を減らし、ものごとを理解し意味を見い出し、状況を整える働きを促進するのです。書いたり話したりして表現すると、そのことから適当な距離をとることができて、新しい認識が生まれやすくなります。

書くことで、問題に対処する能力が高まる？

　トラウマについて書いた（話した）多くの人が、〈効果がある〉と言っています。次の質問のどれかひとつでも〈はい〉と答えられるなら、書くことについて考えてみ

---

[4]　「案ずるより産むがやすし」で、多くの人は「人に知られたくなかったこと」を言葉に表現することで「ラクになった」「なにか吹っ切れた」と言われます。しかしトラウマの深さによります。表現することで罪悪感をもったり、無理して表現したりすると、「ラクになる」まで至らないこともあります。そんなときはまだ時期が満ちていないので、無理をしないことが大切です。

ましょう。

- 誰にも話したことのないこと、考えないようにしていることはありますか？ どんなに昔のことでもかまいません。
- 自分でも〈そんな考えはもちたくない〉と思うことはありますか？ 夢で見たくないことも含めて探してみましょう。
- トラウマになるようなできごとの後、1年半かそれ以上たってからも、あわてたり嘆き悲しんだり、そのことが頭から離れなかったりしていますか？
- 最近ストレスを感じるような状況下におかれることはありましたか？ たとえば新入生として大学に入るとか、大学からしばらく離れた後で再入学するなどもストレスになります。
- 「仕上げていない仕事」がありますか？ 自分の人生で体験したトラウマで、その意味がわからないことはありますか？

トラウマの影響

　私たちはとても繊細で傷ついた子どものように行動し続けることもあるし、これといった理由もなくある状況やある人に対して強硬な行動をとってしまうこともあります。一瞬のうちにおびえたり腹をたてたり、愛情を感じるものです。そんな人もリラックスして集中することを学んだなら、過去の束縛から自由になるプロセスを歩き出すことができるでしょう。
　次に書かれているのは、理解と思いやり、ホールネスを最大に高めるための練習です。

❀ さらに深めていくために

　もしもあなたが幼いときに、孤独や淋しさを感じ、傷つき、ほしい愛情を十分もらえなかったならば、「こころをこめて手紙を書く、受け取る」練習をしてみましょう。もしもあなたがある人やものごとに、激しい憤りや恐れ、怒り、フラストレーションを感じて行動してしまうならば（たとえば、赤ちゃんは好きなのに、ある赤ちゃんには腹が立ったりイライラしたりする、これといった理由もないのにルームメイトを好きになれないなど）、「過去の関係をつくりなおす」練習をしてみましょう。怒りや憤

りをなんとかしたいと思っているなら（たとえば、同僚や別れた夫、妻に対してなど）、「あたたかい気持ちを送る」練習をしてみましょう。

1. こころをこめて手紙を書く、受け取る[5]

　あなたがまだ幼いころ、孤独で淋しくて傷つき、ほしい愛情を十分もらえなかったころのことを思い出してみましょう。それから、あなたのことを本当に理解し愛情を注いでくれたおじさんかおばさん、その他の大人がいたと想像してみましょう。その人があなたに手紙をくれました。その手紙はあなたの大きな支えとなり、その手紙を読むととても気持ちが落ち着きました。そんなイメージをしてみましょう。

　この練習では、本当につらく苦しいときにあなたを深く理解し愛情を注いでくれた人、今思い浮かべた人になってみましょう。座って、小さな子どもに励ましの手紙を書いてみましょう。子どもにも分かる言葉で、その手紙を読んだら見守られている、愛されていることをその子が感じられるような手紙を書いてみましょう。手紙が書けたなら、封筒に入れて、自分の宛名を書いてポストに入れましょう。

　この手紙を受け取り、読むときには、もう一度子どもにかえった気持ちで読んでみましょう。

＊解説＊　この手紙を書くのに、抵抗があるかもしれません。しかしなにを書くか書かないかはあなたの自由です。この手紙はあなたを癒し問題を解決する始まりにすぎないかもしれません。そんなときは、穏やかな気持ちとなり、淋しさが薄れていくまで、自分自身に手紙を書く作業をくり返してみましょう。

2. 過去の関係をつくりなおす

　誰かに対して特にある状況で、これといった理由もないのにどうしても強く当たってしまうことがあるならば、その人の関係を考えてみましょう。そして、その人と前世でもともに生きていたとイメージしてみましょう。今のこの世とは性別、年齢、能力も全くちがっていて、あなたとその人はまたちがう関係をもっていたとイメージしてみましょう（たと

5　Dr. Lawrence LeShan の示唆した練習より改変。

えば、18世紀に生きていて、その人と結婚していた、など)。それから、前世でのあなたとその人の関係を新しくつくり直してみましょう（たとえば、その人があなたを殺した、打ち負かした、愛した、戦争で戦った、など)。二人の関係をあれこれ細かくイメージして、短いものがたりを書いてみましょう。ものがたりが書けたならば、それはどこかに置いておきましょう。そして前世の時代や背景、二人の関係を違えて、毎日この練習をくり返しましょう。1週間たったときに、7つの物語を読み返してみましょう。読んでみて、あなたがその人にどうしても強く当たりたくなる気持ちがなんなのか、説明がつき、理解できるようなテーマはないだろうかと、自分に問いかけてみましょう。

＊解説＊　物語をつくるプロセスで少しずつ気持ちが落ち着き、同じ状況や人に対して強く反応しなくなるということが、よく起こります。物語を書くときに「前世など信じていないのでバカバカしい」、「あれこれ違う関係を思いつかない」などという問題がよく起こります。この練習は輪廻転生を信じていなくても行うことができます。前世という設定は、さまざまな可能性から問題を探求していく〈方便〉なのです。もしも新しいことを書けなくなれば、時代の設定から始めてみましょう（たとえば、明治維新のころ、など)。そして勝手に誰かに当てはめてみましょう（たとえば、坂本龍馬など)。

3．あたたかい気持ちを送る

あなたがいらだちや欲求不満、怒りを強く感じる人のことを考えてみましょう。その人のことを考えるとき、その人と会う予定があるときは、ゆっくりと腹式呼吸をしてみましょう。それから息を吐くとき、青いさざなみのように息をその人に向かって吐くイメージをしてみましょう。それと同時に、その人にあたたかい気持ちを送ってみましょう。その人があなたのことをひどく傷つけ、つらく当たったとしても、誰もが自分のうちにもっているけれどはっきりとは見えないもの、人間はもともと良い性質をもっているのだということを思い出すことです。この青いさざなみでその人にあたたかい気持ちを送るとき、その人のうちにも良い性質があるのだとイメージしてみましょう。

あなたに否定的な感情を強く起こさせる人のことを考えてしまうとき、会うかもしれない、実際に会うことになっているときは、その前にQRの練習をしてみましょう（第2章：すばやく手をあたためる：練習5（p.78）参照)。そしてそれに続けて、「あ

たたかい気持ちを送る練習」をしてみましょう。さらに、朝目が覚めたとき、この練習をやってみましょう。人にあたたかい気持ちを送ることから、あなたの1日を始めましょう。これを4週間くり返します。

解説　「あたたかい気持ちを送る練習」を続けて3カ月すると、その人に対する気持ちは大きく変化するものです。練習を続けるうちに、否定的な感情はゆっくりと薄れていきます。この変化はとてもゆっくり起こるものなのですが、多くの人が一刻も早い変化を求めることが最も大きな問題なのです。時間とともに変化は起こるものです。

始める前の注意

　書くことは有効ですが、友人や優れたセラピストの代わりになるものではありません。話を聴くということでは専門のセラピストが適しているでしょう。もしもあなたがひどく混乱してしまうようであれば、セラピストに相談してください。もしも信頼できる人に話すことを選ぶならば、その人が善し悪しを評価しないで聞いてくれるか、秘密を守ってくれるか、あなたもこころを開いてその人のことばに耳を傾け、その人の信頼に応えたいと思っているか、聞き手に合わせてあなたの体験をまとめたりゆがめたりしていないか、聞き手を傷つけようという思いから話をしようとしてはいないかなど、自分に確かめてみましょう。

　自分が抑圧されている状態で、できないことの代用に文章を書くことはやめましょう。単に不平を言うために書くこともやめましょう。揺れもどしがきます。そのできごとについての自分の深い感情や思いを表現するために書きましょう。知的に書くのではなく、自分を内省するために書くようにこころがけてみましょう。

具体的な進め方

1. できれば、こころを開きやすいような特別の環境をつくることです。夕暮れ時、薄あかり、ろうそくの明かり、ひとりきりの時間などは、文章を書いたり、オーディオ・ファイルに録音するときのジャマを減らしてくれることでしょう。特別の時間に特別の場所で、毎日同じ条件で書くようにしてみましょう。ジャマになるよ

うな音やにおい、目に入るものなどがないように気をつけましょう。
2. ひとりきりである。誰かに見られたり、耳を傾けられていないこと、善し悪しの判断をされたりジャマされないことを、あなたが分かっていることが大切です。たとえば図書館のように、知らない人ばかりの公共の場所がいちばん落ち着くという人もいます。またドアに鍵をかけてイスに座ったときが、最も安全でプライバシーが守られている感じがするという人もいます。
3. 書くか、オーディオ・ファイルなどに録音するかを決めます。そしてなにも書いていない紙、または録音の準備をします。
4. タイマーを20分間にセットします。

　一度始めたならば20分間、動揺してしまうことやトラウマとなっているできごとについて書き続けて（話し続けて）みましょう。その体験について、あなたが自分の深いところで思っていること、感じていることをことばにしてみましょう。なにを書いてもかまいません。なにを選んで書いたとしても、それはあなたのとても深い部分につながっていることでしょう。今まで誰にも詳しく話せなかったことも書いてみましょう。気持ちをしずめて、自分の深い情動や思いにふれてみましょう。なにが起こったのか、あなたはそれをどのように感じたのか、できるだけ今それを体験しているかのように書いてみましょう。7日間、毎日ちがうトラウマについて書いても良いし、同じことについて書いてもかまいません。あっという間に書き終わって（話し終わって）しまうなら、今書いたこと（言ったこと）をくり返しながら書いて（話して）みましょう。
5. 書いた文章や、録音の声がいつもと違っていても、びっくりしないでください。違っていて、当り前なのです。
6. 誰かのためでなく、自分自身のために書きましょう（話しましょう）。書いたものや録音を誰かに見られないように、保管には注意しましょう。これはあなたのためだけのものです。しかし、書く体験をとおしてどんなことが役に立ったと思うかを記録するために、書く前と後にどのようなことを感じたかを書くこころづもりをしておいてください。このため、「記録用紙　隠していた秘密を解き放つ：練習12」に、秘密を打ち明けるのではなくあなたの感情や心の状態を簡単に書いてください。1週間後、あなたが体験したことを振り返って、「ワーク・シート　隠していた秘密を解き放ち統合する：練習12」に記入しましょう。

　この練習を終わった1カ月後、この練習をした結果、その体験に対する見方がどのように変化したかを書いてみましょう。ものごとの見方でほかにどのような変化があ

りましたか。
　隠してきた秘密を書いて解き放つことは大きな効果をもたらしますが、とらわれから解放され心を開き、ものごとを統合して受け入れ、現在や過去の不調和な状態を変えるのに、他の方法が適している人もいます。書いたり話したりするかわりに、ダンス、写真、音楽、絵画、彫刻、砂絵など、いろいろなことを利用することができます。どの場合でも大切なのは、あなたの深いところにつながっているものを表現することなのです。ことばをつかわないこの表現は、誰もがもっている癒しのみなもとである直感的創造的な力とつながっているのです。

> 記録用紙

隠していた秘密を解き放つ：練習12

　　　　　　　　　　　　　　　　　　　　　　年　　　月　　　日

　　　　　　　　　　　　　　　　　　　お名前＿＿＿＿＿＿＿＿＿＿

　7日間毎日、練習をする前と後に、そのときの気持ちを書いておきましょう。あなたが書いたり話したりした、その具体的な内容にふれる必要はありません。
　また〈さらに深める練習〉で体験したことも書いておきましょう。

1日目（　　月　　　日）

前：

後：

2日目（　　月　　　日）

前：

後：

3日目（　　月　　　日）

前：

後：

4日目（　　月　　日）

前：

後：

5日目（　　月　　日）

前：

後：

6日目（　　月　　日）

前：

後：

7日目（　　月　　日）

前：

後：

ワーク・シート

隠している秘密を解き放ち統合する：練習12

　　　　　　　　　　　　　　　　　　　　　年　　　月　　　日

　　　　　　　　　　　　　　　　　お名前＿＿＿＿＿＿＿＿＿＿

　この練習を終えてから1週間後、自分のトラウマを書いたこと、「さらに深める練習」をしたことで、書いたそのできごとに対するあなたの見方がどのように変わったか、書いてみましょう。そのほかにもものごとの見方が変わったことはありましたか？

病気を〈良いこと〉に変える：練習13

　今、視界が開けてきてやっとわかるようになった。病気は私にゆっくりするように、人を裁くのをやめるように、がんばりすぎないようにと教えてくれているのだと。　　　　　　　　　　**多発性硬化症の患者**

　心筋梗塞を起こして、自分の仕事は命がけでする価値があるのだろうかと自分に問いかけてみた。仕事のため、どれほど子どもと離れてしまっていたかと気づいた。ふり返ってみると、あの発作は妻や家族との第二の人生を始めるきっかけを与えてくれた。　　　　　　　　　**心臓病の患者**

　誰でも健康でありたいと願うものです。しかし今までどおりに、病気になりやすい不健康な生活習慣を続けるほうが、ラクなこともあります。過去に病気になったことをふり返ってみると、病気になったおかげで仕事や家庭サービスをまぬがれることができたり、やさしく看病してもらえたりします。病気の間はゆっくり考える時間をもつことができるなど、日常が変化します。大病や命にかかわるような病気は人間関係や仕事、そして生活の方向性までも変えてしまうかもしれません。健康であっても病んでいても、さまざまな気づきは私たちを成長させるものです。

　誤った選択をしたり働きすぎたり、危険な仕事を続けたり、よくない人間関係を続けたりして道を外れたとき、私たちの体はサインを送って「やめるように」働きかけてくれます。首が痛むときには「痛みを起こしているのはなにか？」と問いかけてみましょう。病気にも意味があることが分かると、行動を変えて病気の体験から学び、自分のうちに備わっている〈癒す力〉を働かせることができるようになります。

　アレルギー反応について言えば、幼い子どもが両親のケンカなどトラウマとなるようなできごとを体験すると、ストレスに対して子どもの免疫機構は活性化しますが、検査をしても抗原として見つかるのは吸い込んだネコのフケくらいのものです。免疫機構は総力をあげてネコのフケを攻撃するので、くしゃみが出たり喘息になったりします。この反応が何回かくり返されると固定化してしまい、ネコのフケや精神的ストレスを感じるといつでもアレルギー反応が起こるようになります。もしも子どもがアレルギー反応を起こすと両親がケンカをやめて手当てをしてくれるような場合は、こ

の反応はさらに強化されます。このような子どもが成長して、アレルギー反応が目的を果たさなくなると、自然に消えていきます。また周囲にいる大人が子どものアレルギーの原因とパターンを理解すると、アレルギーはおさまります。

　死に至る病から回復した人のすばらしい話がたくさんあります。エヴィ・マクドナルドは筋萎縮性側索硬化症（ALS）が完治した経歴をもつ、看護担当行政官（nurse administrator）です。多くの場合は死に至るこの病気の宣告を受けたあと、彼女は死ぬ前に無条件に自分を愛せるようになりたいと思いました。それまで彼女はいつも外面的なことの達成ばかりに目を注ぎ、こころのうちの痛みに目を向けていなかったことに気づいたのです。死に至る病が彼女の人生を変えたのです。彼女は病気を「自己嫌悪を癒し、人生を変えることを可能にしてくれた贈り物」だと考えています。

　病気は複合的なものですが、ほとんどの場合、遺伝子、環境、心理的要素などの相互作用から起こっています。セルフ・ヒーリングが起こりやすい状態をつくることができても、それだけで健康になれるとは限りませんが、それは私たちの成長の助けとなるでしょう。人が癒される方法はそれぞれみな異なっています。がん患者とともに〈自分のうた〉を探すというすばらしい仕事をしている医師ローレンス・レシャンは、「患者が〈自分のうた〉を歌い始めたとき、自分の生きる意味を歌い始めたとき、状態がよくなりがんが縮小することがある」と言っています。

　この練習の目的は、過去や現在の病気に関連する〈良かったこと〉を探し、病気にならずに病気の恩恵を受けられるようになることです。たとえば病気になれば誰に気兼ねすることもなく自分の時間がもてる、本を読める、テレビが見られるとするならば、自分のしたいことができる時間をつくるにはどうすれば良かったか？　ということです。

　「ワーク・シート　病気を〈良いこと〉に変える：練習13」を利用します。病気の〈良い点〉を見つけるたびに、「記録用紙　病気を〈良いこと〉に変える：練習13」に記入しましょう。1週間の終わりに自分の体験をふり返って「質問　病気を〈良いこと〉に変える：練習13」に答えてください。グループに参加したら「ディスカッションとまとめ　病気を〈良いこと〉に変える：練習13」に記入してください。

ワーク・シート

病気を〈良いこと〉に変える：練習13

年　　月　　日
お名前＿＿＿＿＿＿＿＿＿＿

1. 今、体に調子の悪い部分があれば書いてください。

2. 病気になったとき、〈良かったこと〉をあげてみましょう。
   ①

   ②

3. あなたが病気だったときに〈良かったこと〉のなかで、病気をしなくても体験できるようになりたいと思うことをひとつ選んで具体的に書いてみましょう。

4. 病気にならずに〈良いこと〉を手に入れるためには、どのようにしたら良いでしょうか？　できるだけ具体的に計画を立ててみましょう。

> 記録用紙

病気を〈良いこと〉に変える：練習13

　　　　　　　　　　　　　　　　　　　　　　年　　　月　　　日
　　　　　　　　　　　　　　　　　　　お名前＿＿＿＿＿＿＿＿＿＿

「病気の〈良いところ〉を、病気にならずに体験する」練習を、いつ、どこでして、どのような体験をしたかを、記録しておきましょう（この練習は、1、2回すれば十分だったと言う人もいます）。

　　月　　日
....

　　月　　日
....

　　月　　日
....

質　問

病気を〈良いこと〉に変える：練習 13

　　　　　　　　　　　　　　　　　　　　　　　　年　　　　月　　　　日

　　　　　　　　　　　　　　　　　　　　お名前＿＿＿＿＿＿＿＿＿＿

1. 病気にならずに体験した、〈病気の良いところ〉はどのようなことでしたか？

2. この練習のなかで、あなたがこれから病気になる〈必要性〉を減らすためにできそうなことは、どのようなことでしたか？

3. 困ったことはどんなことでしたか？

4. それをどのように解決しましたか？

5. その他、気づいたこと、感じたことは…

ディスカッションとまとめ

病気を〈良いこと〉に変える：練習 13

　　　　　　　　　　　　　　　　　　　　　　年　　　月　　　日
　　　　　　　　　　　　　　　　　　お名前＿＿＿＿＿＿＿＿＿＿

1. グループ・メンバーの話で印象に残ったのは、どのようなことでしたか？

2. あなたに役に立ちそうなことは、どのようなことでしたか？

3. その他、気づいたこと、感じたことは…

会って、感謝を伝える：練習14

　　　　彼女に感謝の気持ちを伝えるために会いたいと電話をするのは、ものすごく不安で、怖かったです。彼女とは９年間も会っていなかったから。彼女に会って、私が感謝の手紙を読み始めたとき、彼女の目に涙があふれました。私は、今まで体験したことのないほどの優しさといつくしみを感じていました。私が感謝の手紙を読んで、そして彼女の思いを感じていたとき、私のこころはほんとうに開かれていたから。
　　　　このワークを体験することで、彼女にも、私のこころにも、大きな平安がもたらされたことに、ほんとうに驚いています。

ワークの体験者

　落ち込んでいるときや気分が沈んでいるときはエネルギー・レベルが下がるので、誰でもうつむき気味の姿勢になりがちです。人に会うのがおっくうになり、自分に閉じ込もると、エネルギーの良い循環も止まってとどこおってしまいます。そして、第３章の初めのワークで体験したように、うつむいていると、ますます否定的な考えが浮かび、さらにうつ状態がひどくなって、しまいには動けなくなってしまいます。

　これと反対に、人に対してなにか良いことをしたり、感謝の気持ちや「ありがとう」ということばを、思い切って伝えてみると、良いエネルギーがあなたからその人に流れていくので、あなたの気持ちは明るくなってきます。そしてエネルギー・レベルも上がってきます。

ちょっと体験

人に親切にしてみる

　誰かに、ちょっとした親切をしてみましょう。相手は誰でもかまいません。乗り物で席を譲る、職場にお菓子をもっていく、同僚が疲れているようならばお茶を入れてあげる、エレベーターをちょっと止めて乗ろうとしている人を待つ、などなど。小さなことでかまいません。

　ちょっとしたことでも、人に親切にすると、良いエネルギーがあなたから外に向かって

流れ出します。その変化を感じてみましょう。

会って、感謝を伝える[6]

　誰でも、実は多くの人に助けられ、支えられて、生きているものです。今までの自分の人生をふり返ったとき、誰かにしてもらったことで、あなたが成長させてもらったり、人生が大きく変わるような体験をしたけれど、まだそのことについてその人に感謝を伝えられていないことがあるでしょうか？

　今までに何回もお礼を言っている相手であってもかまいません。なにか特別な事柄について、とても感謝しているけれど、まだその気持ちをしっかり伝えていないことがあれば、そのことについて、その人にお礼の手紙を書いてみましょう。その人があなたにしてくれたこと、それがあなたの人生にどのような良い変化をもたらしたのか、800字程度で、感謝の手紙を書いてみましょう。

　そして感謝の手紙が書けたら、実際にその人に電話をかけて、会いに行っても良いかどうか、尋ねてみましょう。相手のOKがもらえたら、思い切って会いに行きましょう。会って、その人の目の前で手紙を読み、今まで伝えられなかった感謝の気持ちを、こころを込めて伝えてみましょう。実際に会いに行って感謝の手紙を読んだ方の多くは、今までに体験したことのないような、非常に深い情動体験をし、その後何カ月も幸福感が続いたと報告されます。

　手紙の郵送やメールや電話では、このような感動的な体験はできません。実際に会って伝えることが大切です。もしも遠方で会いに行くのが困難であれば、せめてスカイプやテレビ電話のように、表情を見ながら感謝の気持ちを伝える工夫をしましょう。

　あなたが感謝を伝えたいと思う方が、すでに他界されているのであれば、たとえばひとりでしずかな場所で、感謝の手紙を燃やして、立ち上る煙とともに、あなたの気持ちを天に送るのも良いでしょう。もしも、感謝を伝えたいと思う人が何人も思い浮かんだならば、ひとりずつ会いに行って、あなたの感謝の気持ちを伝えてみましょう。

　＊注意＊　これは、あなたの感謝の気持ちを、ただ純粋に相手に伝えるという体験です。自分の成長や、自分の気持ちの整理のためにするのではなく、相手に"良

6　http://www.ted.com/index.php/talks/martin_seligman_on_the_state_of_psychology.html

い想い"をプレゼントするという気持ちでしましょう。プレゼントですから、見返りを期待しないで、相手が喜ぶような感謝を送りましょう。

　たとえばあなたから去って行った恋人に対して、「別れてくれてありがとう。その仕打ちのおかげで、たくましくなりました」と伝えたとしたら、相手は喜ぶでしょうか？　あなたのほうから去った離婚で、「あなたと別れたお陰で、私は幸せになりました」と言われるのも、相手にとってはイヤなことでしょう。「不幸にも離婚という結果になったけれど、あなたが私にしてくれた、このことに関して、私はとても感謝しています」と言うのであれば、もちろんOKです。

　感謝を伝えたとき、相手のほうがそれを受け入れてくれるかどうかは、また別のことです。もしも相手のほうの反応がそっけなかったり、抵抗を示すようなことがあったとしても、こだわらずに受け入れていきましょう。

　感謝を伝えても相手が喜ばないことが予想される場合は、あなたの感謝の気持ちを、あたたかいエネルギーとして送るイメージをしてみましょう。

　もしも相手が、感謝の気持ちを伝えたいけれど、恨みの気持ちも強く残っている対象であるならば、まずはあなたが恨みの感情を抱くたびに、練習12の3（p.159）にあるように、その相手に対してあたたかい気持ちを送ってみましょう。会って感謝を伝えるのは、その次の段階です。

　「ワーク・シート　会って、感謝を伝える：練習14」を利用して、感謝の手紙を書いてみましょう。「記録用紙　会って、感謝を伝える：練習14」「質問　会って、感謝を伝える：練習14」を記録しておきましょう。グループに参加したら「ディスカッションとまとめ　会って、感謝を伝える：練習14」に記入してください。

❖ さらに進めたい人に

　第3章を終えた後で、今までの体験をふり返ってみましょう。第1章の「ふり返りとまとめ：あなたの体験をまとめる」「まとめ（サマリー）を書くために」（p.16 – 17）を参考に、自分の体験を書きとめておくと、あなたの体験をふり返り、統合する助けとなります。

> ワーク・シート

会って、感謝を伝える：練習14

年　　　月　　　日

お名前＿＿＿＿＿＿＿＿＿＿

　あなたの人生に、大きな良い影響を与えたけれども、そのことについてまだ感謝を伝えられていない人に、感謝の手紙を800字程度で書いてみましょう。

記録用紙

会って、感謝を伝える：練習14

年　　　月　　　日

お名前＿＿＿＿＿＿＿＿＿＿

1. その人に会いに行く前、もしくは、感謝の手紙を書く前に、あなたの気持ちを書きとめておきましょう。

①その人があなたにしてくれたのは、どのようなことでしたか？

②それによってあなたの人生は、どのように良い方向に変わりましたか？

2. 会って、感謝を伝えた後、あなたの体験を書きとめておきましょう。

①あなたが感謝を伝えたその人に、どのようなことが起きたでしょうか？

②会って感謝を伝えているとき、そして伝えた後、あなた自身はどのような体験をしたでしょうか？

質 問

会って、感謝を伝える：練習14

年　　　月　　　日

お名前＿＿＿＿＿＿＿＿＿＿

1. このワークを体験をして、どのような気づきや変化が起こったでしょうか？

2. なにか困ったことはありましたか？

3. どのようにそれを解決しましたか？

4. その他、気づいたこと、感じたことは…

ディスカッションとまとめ

会って、感謝を伝える:練習14

年　　月　　日

お名前＿＿＿＿＿＿＿＿

1. グループ・メンバーの話で印象に残ったのは、どのようなことでしたか?

2. あなたに役に立ちそうなことは、どのようなことでしたか?

3. その他、気づいたこと、感じたことは…

第4章
イメージと行動を変えて自分自身を癒す

心が深く動かされるのは、その人の魂が本来の役割を果しているときである。そしてこの感動の中身はイメージである。
———— *Ira Progoff*

イメージはあなたをどこへでも連れていってくれる良い馬のようなものだ。現実の世界から連れ去ってしまう魔法のカーペットではない。
———— *Robertson Davies*

イメージと行動を変えて癒しを呼び起こす

> 私は自分のことを種だと思っている。ずいぶん根を張ったが、たった今芽を出して光にあたったような感じがする。陽の光、雨、風、そして風のない日、すべてが人生であって種に影響を与える。そのすべてが種を強く育てる。そんなに恐れることはない。理解することだ。
>
> *Janice Mettler*

　自分のうちにもっている〈癒す力〉を誰もが働かせることができると、私たちは確信しています。しかしそれは、私たちの体が健康になることを意味しているのではありません。実際、私たちはみないつか死ぬ存在です。また健康上や社会的な問題をすべて解決するのは不可能です。しかし私たちは誰でもホールネスや統合された存在へと近づいていくことはできます。

　自分自身を癒すプロセスは2つの大切な要素からなっています。イメージと行動を変えることです。イメージの力は自分でも気づいていない無意識を気づかせ洞察へと導いてくれます。

イメージとはなにか？

　イメージは無意識と自律神経が直接に語り合う〈ことば〉でもあります。イメージと言うと、多くの人は視覚的なものを思い浮かべますが、イメージは目に見える光景、香り、手ざわり、動き、音などのこともあります。直接的なこともあるし、比喩的なこともあります。イメージは洞察力と想像力の中間のようなもので、こころと体と魂とのコミュニケーションを象徴するものです。イメージをとおして最も深い智慧と気づきに至ることができると考えられます。イメージは病気の意味に気づき、癒しのプロセスを進めていく道具として利用されます。

　左右の大脳半球はそれぞれ独自の機能をもっています。左脳は会話、分析、論理的思考、右脳はイメージ、情緒、映像の拡大、ものごとや人の関係などをつかさどります。私たちの社会ではすばやく直線的、論理的に思考する左脳に価値をおく人が多い

ので、右脳がつかさどる洞察や智慧にふれることはあまりありません。しかしこころも体も深くリラックスしたとき左脳の働きは弱まり、イメージを用いて右脳からくる洞察や智慧にふれていくことができるのです。右脳が洞察を示し、左脳が意思や目的をつくりだし現実世界の行動を変えられると良いでしょう。

夢と同じようにイメージは、体からのメッセージを教えてくれます。自分に合った方法で、実際に自分自身を再統合していくことを可能にしてくれるのがイメージなのです。またイメージのなかでくり返してみることで、行動を変えやすくなります。心理治療、目的達成、セルフ・ヒーリングからピーク・パフォーマンスまで、イメージは実に多彩な分野で利用されています。

一般にはリラクセーションをマスターし、それからイメージを用いてさらに深い問題に取り組んでいきます。筋肉の緊張がすっかりとれて心が落ち着くと、直感的能力が深まります。深いリラクセーションは逆に左脳の働きをおさえ右脳への入力を可能にします。リラクセーションは習慣になっている否定的な考えをおさえ、こころの新しい可能性を開くのに役立ちます。創造性と問題解決能力がわき上がるようになります。そしてより健康に、より良い人生を生きるためにはなにをどのように変えていったら良いかというメッセージを与えてくれます。イメージによって癒しが起こると、体の症状がやわらぐので自分自身を受け入れやすくなり、否定的な気持ちや感情から抜け出して生活を整える新しい行動が創りだされるのです。

起こってくる〈強い感じ〉が〈深いところからわいてきたイメージ〉なのかどうか判断に迷ったならば、まずそれに従って行動して、どのような結果になるか見てみましょう。もしもその結果あなたがよりホールネスになれたならば、より健康で穏やかな気持ちになれたならば、自分のこころの声に従ったほうが良いという証拠になります。

イメージ・トレーニングでは、まず問題の状態もしくはそれに関連することをイメージし、それからどうすれば良いかを見つけていきます。最後に自分が健康で癒されエネルギーに満たされ、なんの問題もなく生きているというイメージをします。このイメージはそれぞれのイメージをするのに役立つので、違った視点から病気を癒す道筋をハッキリたどることができるようになります。セルフ・ヒーリングのステップに、まずひととおり目を通してください。

セルフ・ヒーリングのステップ

1. イメージを膨らませる、無意識からの答え：1週間、毎日イメージを続けます。「自分を癒すには、なにを知り、なにをすれば良いのか」と自分に問い、もしくは自分のなかのもう1人の自分と話し合ってみましょう（この章の「イメージを膨らませる（文章）」と「うちなる導き手（文章）」を参照してください）。

2. セルフ・ヒーリングを進める方法：案内に従って、イメージを膨らませます。内容は以下のとおりです。

    ①イメージから得た洞察をふり返る

    ②関係することについて調べる

    ③目標を決め、優先順位をつける

    ④初めの状態を記録する

    ⑤新しい行動を起こす〈きっかけ〉をつくる

    ⑥自分への〈ごほうび〉を決める

    ⑦失敗したときの計画を立てておく

3. セルフ・ヒーリングのためのイメージ：病気のイメージをつくり、それから癒しが起こりずっと続いているイメージを膨らませます。最終的には、あなたが統合され完全な状態であるとイメージします。

4. あなたの方法を実行し適応させていく：自分で工夫した方法を用いて、目標を達成するために成功と失敗とを評価し続けていきます。そして必要があれば、そのやり方を変えていきます。

5. 体験したことをまとめる：なにを学んだかをまとめてみましょう。

❖学生や患者さんの体験から

4週間の練習の後の調査によると、体調が良くなり、自分を癒す練習をしてとても良かったという人は、図4-1に示すとおりです。

セルフ・ヒーリング技術を著しく向上させた参加者のなかには、毎日の運動量が増え、体重が減った、考え方が変わった、抑うつ気分がなくなったと言う人もいます。呼吸と認知の変化は心配や怒り、しっと心を弱め、頭痛や腰痛、肩こりを減らし、か

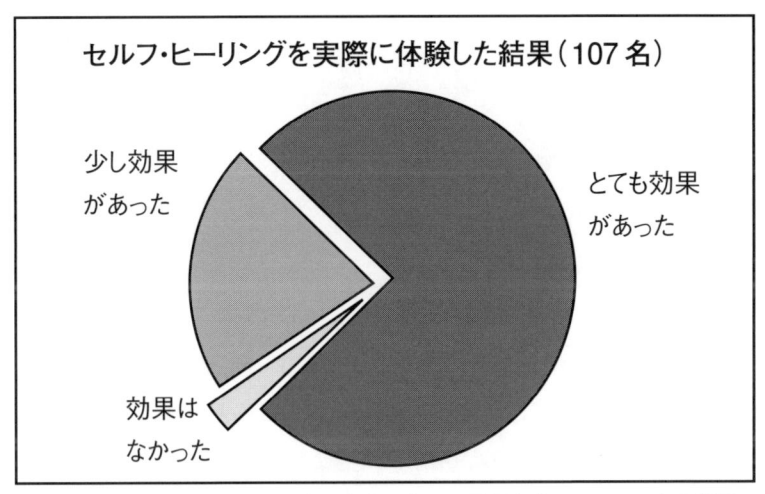

図 4-1　4 週間の練習の後、自分自身で定めた目標達成についての自己評価

ゆみや湿疹を止め、タバコやカフェイン、ストレスを減らして時間を有効につかえるようになります。

参加者たちは、成功の秘訣を次のように述べています。

- 優先順位をつけることは、自分をいちばんにするということ。
- はっきりした、達成可能な目標を立てること。
- 毎日すること。4 週間後、突然変化が起こるでしょう。
- 居心地の良いところにとどまらない。（たとえば、自分の弱さに直面し、それを乗り越えていくことができると、自分を信頼する）。
- グループ・メンバー、家族、友人などの助けを借りる。
- イメージで体験したことをとおして、自己コントロールと自分を大切にすることを学んだ（自分にはセルフ・ヒーリングの力があることを知っているので、自分のことをどうしようもない存在だとは思わない）。

イメージを膨らませる
──無意識からの答え：練習15

　イメージを膨らませる作業は自分の無意識を感じ、無意識がイメージや夢をとおして表現されるのを、見つめることから始まります。こころがしずかで落ち着いているとき、外のなにかに気を取られたり、感情や欲望に揺れたりしていないときのほうが、無意識を感じやすいでしょう。イメージは私たちの洞察を進める創造的な自分からのメッセージで、症状や問題は私たちの生活を変えるきっかけを与えてくれます。

　イメージを膨らまそうとがんばらないことです。自分に起こる体験を善し悪しで判断しないことです。イメージや感じることそのものは重要なことですが、自分に起こったままを記録しておきましょう。今はそのことの意味が分からなくても、後で分かることもあります。

　多くの癒しのイメージは〈気づきを与えてくれる案内人〉や、〈意見をくれる人〉について語っています。〈人なつっこい動物〉〈守ってくれる天使〉〈宗教的なもの〉〈老賢者〉〈まばゆい光〉〈声〉だけのこともあります。それはあなたの一部であって、慈悲深くて問題や症状をすべて分かっていて、その解決策をも知っています。起こってくるイメージを受け入れることです。自己洞察やイメージは、セルフ・ヒーリングのために〈自分で選ぶ以上のもの〉をあなたにもたらしてくれるでしょう。

　たとえば、胸を大きくするのにイメージを利用しようとした女性がいました。イメージがわいてきます。大きくて豊かにたれ下がった胸…まるで彼女の母親のような…彼女はびっくりします。そのイメージから彼女は気づくのです。「母の年になってもあんなにたれ下がった胸にはなりたくないわ」と、子どものころ思ったものでした。だから私の胸は小さいままで大きくならないのだと気づいたのです。彼女にとっての癒しは、自分の母親の体型を受け入れることでした。

練習の方法

　毎日、「あなたのためのリラクセーションをつくる：練習7」(p.106)でまとめた、自分の好きなリラクセーションを行ってみましょう。本に書かれているリラクセーションでもかまいません。十分リラックスして穏やかな気持ちになってから、つぎの「イメージを膨らませる」または「うちなる導き手」をやってみましょう。「イメージを膨らませる」の質問を、自分が癒しの方法として選んだ内容に当てはめてみるのも良いでしょう。10分か15分、イメージを続けてみましょう。なにも浮かんでこないこともありますが、そのまま練習を続けてください。これらのイメージを膨らませる練習を少なくとも1回は体験してみて、最も自分に合うものを見つけることをお勧めします。毎回のイメージの後で、絵を描いたりメモをしたり、なにかの形でそのイメージを表現してみましょう。そして「無意識からの答え」に記入してみましょう。

イメージを表現する

　毎日の練習の後、イメージの大切な部分を表現する方法を考えてください。絵を描くのも良いでしょう。音楽で表現しても、踊りでも、なんでもかまいません。イメージは目に見えるものだけではありません。ことばとして、音で、感じとして伝わってきても良いのです。記録用紙にあなたのイメージを簡単に記録しておきましょう。
　絵を描くときは、利き手でないほうの手で描いてみるのもひとつの方法です。利き手でない手は、優位でない大脳半球（右半球）と最も密な関係にあるからです。利き手でないほうの手で絵を描いた後で、それを表現する言葉をいくつか書いておくと良いでしょう。そうすることで、イメージの体験がよりはっきりとしたものになります。
　イメージを続ける練習を始めると、夜見る夢がいきいきと意味深いものにかわり、よく覚えているようになったと多くの人が報告しています。イメージを膨らませることで、前もって無意識への働きかけが増えるからなのです。

無意識からの答え：練習15

　絵を描く道具を用意してください。イスにラクに座って、体をリラックスさせていきましょう。目は軽く閉じて、しばらくの間、今までのリラクセーションの練習で体験した、とってもリラックスした感じをもう一度体験し、味わってみましょう。

　「あなたのためのリラクセーションをつくる：練習7」を用いるか、以下のリラクセーションの文章を利用してみましょう。

　体全体をリラックスさせていきましょう。体の心地よい重さを感じてみましょう…大きく息を吸って、息を吐くときに自分の体の感じを味わってみましょう…体中にあたたかいものが流れるように、心地よい感じを味わっておきましょう…体に余分な力が入っていたならば、それも抜いていきましょう。そして体のそれぞれの部分に、気持ちを送ってみましょう…脚の力を抜いてリラックスさせて、どこか力が入っているところがあれば、その力を抜いていきましょう…もも、おしりの力を抜いて腰もリラックスさせていきましょう…ラクにゆっくりと呼吸するときにおなかが膨らむのを感じてみましょう…力をすっかり抜いて、体のどこかにまだ力が入っているところはないでしょうか…おなかのなか、胸のなかまでリラックスさせていきましょう…背中の力を抜いて…心地よいリラックスした感じを少しずつ深めていきましょう…リラックスしたあたたかい流れがひたいから目のまわりの筋肉に流れていくのを感じてみましょう…目、あご、のど、顔の力を抜いて、リラックスさせていきましょう…ラクに息を吸って…吐く、その感じを味わってみましょう…

　今あなたは自分の内側の、リラクセーションと癒しに満ちた、特別な場所にいます。そこにいると気持ちが落ち着いて安心でき、守られている感じがします…あなたの感じはどのようなものですか？　色は？　あたりはどんな様子ですか？　音は？　手触りは？　香りは？…ゆったりと呼吸をして、しずかにあたりを見回してみましょう。そしてあなたが心地よく、安心していられるような落ち着くところを見つけてみましょう…「今とってもリラックスしている。落ち着いていて、穏やかな気持ちだ。体も心地よい。気持ちはスッキリしていて、私の助けとなるようなイメージがわきやすくなっている」と自分に言ってみましょう。

イメージを膨らませる：練習15

　準備ができたなら、自分が癒したいと思う症状や問題にこころを集めていってみましょう。これからあなたにとって全く新しい体験をしてみましょう…あなたの症状や問題からわいてくるイメージを、どんなことでもかまいません、浮かんでくるままにしておきましょう。気持ちも体もリラックスしたままで、わいてくるイメージがどのようなものであっても、たとえば象徴的なものであっても現実味を帯びたものでも、親しみのもてるものでも、おかしなものでも、どのようなイメージでも、わいてくるままに受け入れていってみましょう…わいてきたイメージを、すこし離れて観察してみましょう、感じて、ふれてみましょう。それはどれくらいの大きさなのでしょうか…どのような形をしているのでしょうか…動きますか、それともじっとしているものなのでしょうか…どんな色をしていますか…あなたの問題はどこにあるのでしょうか…自分の内側に、どのように、どこにその問題を感じているのでしょうか…それには音や響きがありますか…香りや味はどうでしょうか…

　自分に問いかけてみましょう。「必要な知識はなにか？」「このイメージが教えてくれているものはなんだろう？」「癒しの力を呼び起こすには、どうすれば良いのだろう？」と、自分に問いかけてみましょう…

　問いかけた後は、しずかに答えが浮かんでくるのを待ちましょう。イメージや考え、感じや連想などが、必ず起こってきます。自分を信頼することです。少し間をおいて、もう一度自分に問いかけてみましょう。イメージや考え、感じがなにか起こってくれば、それがどのようなものなのかよく観察してから消していきましょう…そしてもう一度同じ問いかけをくり返してみましょう。「必要な知識はなにか？」「このイメージが教えてくれているものはなんだろう？」「癒しの力を呼び起こすには、どうすれば良いのだろう？」と…

　癒しのプロセスを進めていくイメージを、次々と思い浮かべてみましょう…そのヒーリング・イメージを少しずついきいきとしたもの、明るくはっきりとしたものにしていきましょう…そのイメージを見つめ、感じ、体験してみましょう…このヒーリング・イメージのなかで、どの部分があなたに必要でしょうか？…

　このプロセスを好きなだけ味わってみましょう…それからゆっくり、しずかに、イスに座っている感じを味わってみましょう…つま先の感じを味わって、足の指を動かしてみましょう…両手の指をゆっくり握って開いてみましょう…自分の体に合わせてゆっくり伸びをして…大きく深呼吸をして…もう十分だと思えば目を開けてみましょう‥

うちなる導き手：練習15

　あなたは今、とても心地の良い穏やかな〈癒し〉の場にいます。そこでゆっくりくつろいで休んでいます…なにか、あなたに近づいてくるものがあります。そばに来るまで待ってみましょう…それは人かもしれません、動物か、光であるかもしれません…あなたさえ怖くなければ、どんなイメージが浮かんできてもそのまま受け止めてみましょう…だんだんと近づいてきて、外見からそのやさしさ、おとなしさ、賢さなどがわかります…この導き手はあなたのことをとてもよく分かっています…そのものがあなたにとって良い感じのものであれば、それを一緒にあなたのスペシャル・プレイスに連れていきましょう。あなたの〈導き手〉を理解する時間を少しだけとって、理解を深めてみましょう…このいとおしい存在を感じてみましょう…これからは、なにか尋ねたいことがあれば、あなたの〈導き手〉にこころのなかで尋ねてみましょう…どうしてこんなことになったのか、自分を癒していくにはどうしたら良いのかと、尋ねてみるのも良いでしょう…そして答えが返ってくるのを待ちましょう。あなたの〈導き手〉があなたに語りかけてくるどのようなコミュニケーションでも受けとっていきましょう。それは〈ことば〉ではないかもしれません…答えも後で、たとえば夢に出てきたり、リラックスしているときに訪れたりするかもしれません…もっと明らかにするために次々と質問するのも良いでしょう…そして答えがどこから来ても良いように心を開いておきましょう…もしももらった答えに従うことがためらわれたならば、そのときか後になってからでも、あなたの〈導き手〉に詳しい説明を求めることもできます。そのアドバイスが役に立つという保証をしてもらうこともできます。

　さあ、あなたの〈導き手〉にお礼を言ってから、別れを告げましょう。あなたがリラックスしているときはいつでも〈導き手〉と話をすることができます…あなたの〈導き手〉が去っていく、その後ろ姿をもういちど眺めてみましょう。とてもきれいでしずかなあなたのスペシャル・プレイスが、あなたを包み込んでいます…ラクに呼吸をして、体の感じを味わってみましょう…足の指をゆっくりと動かしてみましょう…大きく深呼吸をして…もう十分だと思えばゆっくりと目を開けてみましょう。

　毎日イメージの練習をした（そしてそのイメージを記録した）すぐ後に、「記録用紙　無意識からの答え：練習15」に記入してください。1週間の終わりには「質問　無意識からの答え：練習15」に答えてください。グループに参加した後で、「ディスカッションとまとめ　無意識からの答え：練習15」に記入してください。

> 記録用紙

無意識からの答え：練習15

　　　　　　　　　　　　　　　　年　　月　　日〜　　月　　日
　　　　　　　　　　　　　　　　お名前＿＿＿＿＿＿＿＿＿＿＿＿＿＿

　毎日の練習の後、①イメージを膨らませるうちに出てきた問いや、〈うちなる導き手〉と交わした会話、②あなたの描いたイメージ、③イメージから得られた気づきをできるだけハッキリと表現してみましょう。

1日目（　　月　　日）
①

②

③

2日目（　　月　　日）
①

②

③

3日目（　　月　　日）
①

②

③

4日目（　　月　　日）
....

①

②

③

5日目（　　月　　日）
....

①

②

③

6日目（　　月　　日）
....

①

②

③

7日目（　　月　　日）
....

①

②

③

質　問

無意識からの答え：練習15

　　　　　　　　　　　　　　　　　　　　　年　　　月　　　日
　　　　　　　　　　　　　　　　　　お名前＿＿＿＿＿＿＿＿＿

1. この練習をして良かったのはどんなことでしたか？
....

2. あなたのイメージに共通するテーマはどんなことでしたか？
....

3. イメージから気づいたのは、どのようなことでしたか？
....

4. 絵を描いて気づいたことはどんなことでしたか？
　　他にはどのような表現方法をとりましたか？
....

5. 困ったことはどのようなことでしたか？
....

6. どのようにしてその問題を解決したのでしょうか？
....

ディスカッションとまとめ

無意識からの答え：練習15

　　　　　　　　　　　　　　　　　　　　　　　年　　　月　　　日

　　　　　　　　　　　　　　　　　　　お名前＿＿＿＿＿＿＿＿＿＿

1. グループ・メンバーの話で印象に残ったのは、どのようなことでしたか？

2. あなたに役に立ちそうなことは、どのようなことでしたか？

3. その他、気づいたこと、感じたことは…

セルフ・ヒーリングの計画を立てる：練習16

> 科学的な発見というものは、1%のひらめきと99%の忍耐から生まれる。
> *Thomas A. Edison*

　この文章では、膨らませたイメージから実際の行動計画へと移していきます。私たちが実際に変わるのは行動することによってです。自分が変わって自分自身を癒す能力を高めていくということは、自分という船の船長になるということです。無数にある考えや刺激に、もう流されない、押しやられない、干渉させないということです。この練習のねらいは実際の行動計画を立て、セルフ・ヒーリングの練習を始めることです。背景や環境をよく考えて、自分の計画を立てましょう。

①イメージから得た洞察を振り返る

　洞察を実際の行動につなげるために、今までの練習であなたに起こった反応を見直し、いくつかのリストを作ってみましょう。実行に移す計画を思いつく限りできるだけたくさん、書き出してみましょう。問題解決のための9つのステップ（第3章練習11 p.148）の方法を利用してみましょう。小グループや友人と一緒にやってみるのも良いでしょう。短時間の間にできるだけ多くの可能性を考えるためにひらめきを大切にしてどんなことでも書きとめましょう。簡単で実用的で面白いことを1つか2つ選びます。

②関係することについて調べる[1]

　あなたがセルフ・ヒーリングの練習計画を立てる問題について、知識をもちましょう。たとえば、あなたのイメージが〈背中の痛み〉に関することだったとします。そのときは一般的な方法と特殊な方法と両方調べてみましょう。医学的なアプローチ

1　インフォメーション：National Library of MedicineのサービスであるPubMedのようなデータ・ベースを検索することをお勧めします。1960年代半ばまでさかのぼって引用されている文献と、生命科学分野の雑誌も探してみると良いでしょう。PubMedは全文掲載記事を提供する多くのサイトやその他のリソースにリンクしています。
　〈http:www.ncbi.nlm.nih.gov/entrez/〉を参照してください。ほとんどの図書館がPubMedもしくは他のデータ・ベース（たとえばPsychological Abstractsなど）に接続（印刷物、CD-ROM、コンピュータに直接）しています。

（たとえば、整形外科治療や身体的治療など）と補完代替医療的なアプローチ（たとえば、食事療法、カイロプラクティック、生薬やマッサージなど）の両方を調べてみましょう。幅広く治療法を探すことで、選択ができるようになっていきます。代替療法を行っているところに、その方法の効果と危険性について問い合わせることもできます。そうして情報を得ることだけでも、自分のセルフ・ヒーリング計画を立てるのに有利な位置に立つことができます。

③目標を決め、優先順位をつける

>もしも夢をかなえたいと思うのなら
>ゆっくりと確実に
>小さいことから始めて大きな結果を
>こころで願うことはまっすぐ伸びていく
>
>　　　　*"Stone by Stone" by Donovan*
>　　　　映画「ブラザー・サン・シスター・ムーン」より

　現実的で、できれば達成可能な目標を具体的にハッキリと立てましょう。そのほうが進歩したのが分かりやすいでしょう。たとえば、あなたがもっと外交的になりたいと思っているとしましょう。まず初めにどの行動を〈外交的〉の目安にするかを決めましょう。毎日笑いかけたり視線を交わしたりする人の数が増えること、毎週クラスで発表すること、職場の人ともっと話をすることなどかもしれません。

　こうしたいと思う行動を増やすほうが、したくない行動を減らすよりも容易です。ツメをかむのをやめたいと思うならば、たとえばツメにヤスリをかけるとか手のマッサージをするなど、手をつかう他の行動をなるべく多くすることです。

　自分で変化を確かめられてコントロールできる行動を目標にしましょう。たとえば体重を減らすことを目標にするならば、もうひとつ下の段階の目標をいくつか決めておくと良いでしょう。たとえばデザートを食べないで席を立って散歩に行くとか、心配が出てきたらリラクセーションをするとか、運動を始める、脂肪の多い食事から野菜の多い食事に変えるなどということです。

　いちばん面白くできて簡単でわかりやすいことから始めてみましょう。ひとつできれば、その次はもっとラクにできます。ひとつ達成できてから次の目標を目指せば良いのです。

④初めの状態を記録する

　セルフ・ヒーリング計画を始める前に、今のあなたのベースラインを記録しておきましょう。自分で観察するものをできるだけ限定することが大切です。たとえば、あなたが2週間に1回は片頭痛に悩まされているとしたならば、頭痛が起こる時間、場所、その他思い出せる限りのそのときの行動や状況などを記録します。「4日間ガンバって10枚の論文を書き上げホッとしたとき。痛みの10段階で表すと8/10程度の片頭痛が起こった。論文を書き上げたその夜から始まり、翌日の午後1時頃まで続いた。家族は私に気をつかって、物音を立てないように静かにしてくれた」、たとえばこのように記録します。

　初めにベースラインを決め、後で変わった点を比較できるように、自分で書きやすい記録用紙をつくってみるのも良いでしょう。たとえば、否定的なことを心のなかで言うクセのある女性は、小さなノートをいつも携帯していて、否定的な考えが浮かぶたびにいつもそれを書きとめました。そしてすぐにそれをもっと肯定的で論理的な表現に言いかえました。また、断定的な言葉を言ったときにもそのノートに書きとめて、毎日数回読み返しました。ある人は記録用紙に食べもの日記をつくり、食べ物について考えたこと、どれくらい空腹であったか、その時間などを書きこみました。

　これらの指標は客観的なものも主観的なものも含みます。〈客観的〉な指標は体重、10分間に何周できるか、脈拍数など〈数量化〉できるものです。〈主観的〉な指標は、うつ傾向、緊張、痛みなど、〈割合〉や〈感じ〉として表現されるものです。計画によっては、客観的な指標と主観的なものと両方選ぶことができるものもあるし、毎日の痛みの記録など、主観的な指標だけということもあります。

たとえば…
- 良くない行動をしたときに印をつけ1日ごとに合計する、単純な得点表。1週間の終わりにそれをグラフにする。（たとえば、つめをかむ回数など）。
- 痛みを自己評価して記録する。（痛みのないときは痛みがどのようなものでどれほどつらかったかを思い出すのはむずかしいことなので、痛みを数値化して記録しておくことはとても重要なことです）。
- 友人や配偶者、家族など、あなたを見てその変化を客観的に見てくれる人の評価。あなたの行動が本当に無意識に自動的に起こってしまうならば、それをしたときに誰かに教えてもらうことが必要です。（もちろん、叱るのではなく、やさしく上手に気づかせてもらうことです）。

ベースラインのデータを記録するのは1週間くらいが目安ですが、その間はただ自分の行動を観察してください。しかしただ記録するだけでも、望ましい方向に行動が変わっていくことがあるでしょう。あなたが〈なりたい自分〉を思い描くこと自体が、あなたの行動をつくっていくのです。初めはなにかひとつの症状に決めて自分を観察してみましょう。そして、その症状のきっかけとなりそれを強めているような自分の行動やこころのうちのことばを見つめてみましょう（学生が使っていた〈毎日の記録〉の例を見てみましょう。いろいろな〈小さな目標〉を定めています）。

毎日の記録（例）

〇年　〇月　〇日

食事：	水分（コップ）	2杯
	塩分	
	アルコール	ワインをグラスに2杯
	カフェイン	コーヒー3杯　紅茶1杯
	脂肪	
運動：	したこと	ジョギング
	時間（長さ）	20分
	心拍数	
	いつ	朝
リラクセーション：	内容	
	いつ	
	時間（長さ）	しなかった
	効果	
睡眠：	寝た時間	2:00
	起きた時間	8:00
	睡眠時間	6時間
	睡眠の質	ぐっすり眠れた
その他：	症状	肩こり
	いつ、どのように？	いつものこと
	どうしてだと思うか？	レポートを書いたから
全身状態：	気分	普通
	身体	疲れている
	精神状態	元気が出ない
今日のひとこと	友人と食事をして、食べ過ぎた	

もしもあなたの目標がタバコをやめることならば、1日何本くらい吸うのか、どんなときにいちばん吸いたいと思うのか（コーヒーを飲んだとき、アルコールが入ったとき、ある友人といるとき、他の人がタバコを吸い始めたとき、退屈したとき、緊張したとき、腹が立ったときなど）、観察してみましょう。タバコを吸いたくなるきっかけはなんでしょうか？
　自分の気持ちをコントロールすることが目標ならば、自分に問いかけてみましょう。「この問題の行動につながるようなことはなにか？」。たとえば疲れているとき、気持ちがあせっているときなど。なにが起こっているのかを見つめることで多くの情報が得られ、それがあなたの計画を成功に導く助けとなるのです。
　強迫的な行動、たとえば過食、飲酒、喫煙、薬剤などがあって、それを減らしたい、やめたいと思っているならば、あなたにとってイヤな受け入れがたい感情が起こったときに、実はそれを和らげるためにその行動をとっているということに気づくことかもしれません。この行動によく先行して起こる考えや感情をしっかり記録することで、その行動をとる意味が分かるものです。それから、その「イヤな感情をどのようにして受け入れるか」「厳しい状況をどのように切り抜けていくか」と自分に問いかけてみましょう。自分を責めないことです。1人の学生は次のように言っています。「強迫観念はあなたをあなた自身から動かす良い方法です。なぜなら、あなたにとって今の自分や自分の感じていることは心地よくないからです」。自分の感情を認め、深い情動のレベルで自分自身を育てていくことです。

⑤新しい行動を起こす〈きっかけ〉をつくる
　積極的な行動を起こす助けとなるような、新しい〈きっかけ〉を作りましょう。もしも「彼女に嫌われているのではないか」と思うとき、それをことばにしないで「こんなときはどうすればいいか分かっている。リラックスしてほほえみを浮かべて、視線を合わせて"こんにちは"と言おう」と言ってみましょう。このようにすることを自己啓発と言います。あなたが始めたいと思う新しい行動をとりやすくする状況を自分で選び、それをジャマするようなことは自分でしないようにすることです。たとえばタバコをやめたいと思っている人は、タバコを吸わない人と一緒にいることを選ぶことができます。タバコをふかす友人、アルコール、飲み会など、タバコをどうしても吸いたくなるきっかけが自分であらかじめ分かっていれば、それを避けることができます。
　やめたいと思っている行動を起こす〈きっかけ〉に気づいたら、間をとってQR（第2章　すばやく手をあたためる：練習5、p.78）をしてみると良いでしょう。あなた

の問題としていることが、怒りや緊張に関係しているときは、QR を取り入れることが特に重要です。「カッとして口論をしたり、アルコールを飲んだりタバコに手を伸ばしたりする他に、なにかかわりにできることはないだろうか？」と自分に問いかけてみましょう。「言い争いをする代わりに、その人の良いところに目を向けよう」「ビールはやめて、お茶にしよう」「タバコのかわりにガムをかもう」と考えるのも良いでしょう。

⑥自分への〈ごほうび〉を決める

　肯定的な行動への変化を進めるために、自分への〈ごほうび〉を決めましょう。時には練習の結果がすぐに出ないこともあります。どんなにがんばっても最初の１週間では、周囲の人からの評価やこの練習をとおして体調が良くなったという実感などは分からないでしょう。そんなときでも自分で自分に〈ごほうび〉をあげることができます。変えたい行動をやめられなくならないように、〈ごほうび〉は小さなもの、どこにでもある安いものが良いでしょう。たとえば、花一輪、映画を見に行くなどです。健康な食生活に変えようとしているときに、〈ごほうび〉としてアイスクリームを食べることはやめましょう。

　たとえば体重を減らす計画で、初めの１週間は「ベースラインを保つこと」を目標にして、２週目は「脂肪を減らし、野菜を増やす」、３週間目は「新しい食生活を続けながら、なにか運動をする」ことができたら自分に〈ごほうび〉をあげるといった具合に段階的に目標をつくるのも良いでしょう。

　行動を変えるためにもうひとつ大切なのは、ソーシャル・サポートです。成功した参加者の多くは、友人、家族、夫（妻）、パートナーやルームメイトなどの支えがあったと報告しています。あなたを叱ったり批判したりする人はあなたの助けとはなりません。自分で自分を責めるのも同じことです。

⑦失敗したときの計画を立てておく

　以前の行動パターンにもどってしまったときには、どうしたら良いか計画を立てておきましょう。すぐに適切なことばかけを自分にして修復する計画を立てておくと良いでしょう。たとえば、「ひとつ失敗したからといって、今まで積み重ねてきたこと全部がなくなるわけではない。またここから始めれば良い。毎日が新しいスタートだから」というように。なにが起きてもその体験から学ぼうと、自分に決めましょう（たとえば、食事制限をしている人は、「パーティーのご馳走は困りもので特別な忍耐を要する」ことが分かるでしょう）。初めから成功を目指す必要はありません。自分自

身にやさしくしてあげてください。慈悲深くなることです。自分を受け入れることは、自己コントロールとは違います。自己受容は肯定的な生き方ができるようになり癒されていく、その鍵なのです。

練習の方法

　自分の目標や計画、行動を書いてみましょう。またあなたが問題としていることの〈良い点〉と〈悪い点〉を考え、「ワーク・シート　セルフ・ヒーリングの計画を立てる：練習16」に書いてみましょう。

ワーク・シート

セルフ・ヒーリングの計画を立てる：練習16

　　　　　　　　　　　　　　　　　　　　　　年　　月　　日
　　　　　　　　　　　　　　　　　お名前＿＿＿＿＿＿＿＿＿

あなたが問題にしていること：

　あなたが変えようと計画している行動や問題の〈良い点〉〈悪い点〉をあげてみましょう。

　　　　　　〈良い点〉　　　　　　　　　　〈悪い点〉

実際の行動計画：
1. 大きな目標、小さな目標を書いてみましょう。どうなれば〈成功〉と言えますか？

2. セルフ・ヒーリングの計画を書いてみましょう（なにを、いつ、どこで、どれくらい、誰と、どのような状況でなど、具体的に書いてみましょう）。

3. どのようにして最初のデータを集めますか（初めの状態を記録しますか）？

4. 客観的な目安（回数、数値など）
....

5. 主観的な目安（気分、感じなど）
....

6. 周囲からの助け
....

7. イメージをどのように利用しますか？
....

8. この計画を楽しむための〈ごほうび〉や、行動の変化を進めるものは？
....

9. その他、計画について
....

セルフ・ヒーリングの
イメージをつくる：練習17

> イメージは、するだけでラクになるというメカニズムをもっている。

　イメージは癒しの第一歩でもあり、同時に癒しを完成させるものです。他の治療を用いても用いなくても、あなたはイメージを用いて自分を癒していくプロセスに積極的にかかわることになるのです。イメージはがんをはじめ各種の治療に用いられています。イメージの効果は主に3つの面をもっています。①問題や病気や不快なことについての理解が深まる、②絶えまなく続く癒しのプロセスをつくり出し体験できる、そしてなにより③あなたを統合されたホールネスへと導いてくれます。

　このイメージの練習をした後で、あなたのイメージに浮かんできたものを実際的なものでも象徴的なものでも、文章か絵で表現してみましょう。またあなたが癒されるプロセスや、すっかり良くなって完全で統合された状態のあなたをイメージして描いてみましょう。この絵は何回描いてもかまいません。何週間かたつうちに変わっていくことでしょう。このようにして、内面的に変化する準備ができるのです。

セルフ・ヒーリングのイメージの基本概念

1. すべての病気や症状は、私たちに大切なことを伝えようとしてくれています。私たちが今までの人生をふり返るのを助けてくれているのです。
2. あなたはあなたの病気とは別のものです。あなたはもともと健康なものです。イメージはより高い自己や、より創造的な部分を揺り動かす働きをします。
3. 実際の行動に関連させてヒーリング・イメージをするだけで、無力感が自己効力感に変わります。もしもあなたが医学的治療を同時に受けているならば、ヒーリング・イメージと一緒に、その治療がよく効くことをイメージしてみると良いでしょう。
4. 身体的に完全にもとにもどることがいつも可能なわけではありませんが、それで

もホールネスや統合されたイメージを必ず加えてみましょう。そうすることで、ホールネスや統合されたイメージを呼び起こすことができるのです。ホールネスや統合された自分をイメージすることは、希望と可能性を生み出します。診断を受けると、病気はずっと続いて人生のすべてに影響するかのように思ってしまいがちです。病気になったのは自分が悪いかのように思えることもあります。イメージで病気もなんの問題もない新しい状態に変えていくプロセスで、固定しているように思えることも変わっていくのです。自分のイメージを表現するときにつかうことばを変えることでイメージをつくり変え、このような態度や体験を強化するようなことばを書きとめておきましょう。

5. 病気や症状を表すイメージをこころから解き放ち、可能性をつくりだすことです。イメージを変えるというのは大変なことです。とても傷ついた体験などがその症状に関連しているときは、特にむずかしいことです。選択できる道は「そのイメージをずっともち続けること」を選ぶのか、「自分から捨てようとする」かです。不思議なことに、抵抗せずに受け入れこころを開いて表現すると、イメージは動き出し、変わり始めるのです。

6. 問題や病気が変化するように、イメージも変わります。問題について調べるときには〈今〉のこととして見ましょう。本当に今ここの自分で見るならば、そのたびにあなたの問題や病気は少しずつ違ってきていることでしょう。体は絶えず変化しているので、体の成長を感じ変化を観察してくことが絶えず必要なのです。セルフ・ヒーリングの潜在力を呼び起こすために、イメージは今のことにそっていなければなりません。あなたの問題に関するイメージが変わるとき、同時に新しいイメージに適応してその役に立つように、癒しのプロセスも変わらなければならないのです。

7. 時間はかかりますが、好きな歌をハミングするように、いつでも癒しのイメージが起こるようになります。癒しが起こっていることが感じられて、絶えず新しくイメージしていかれるようになることが究極の目標です。

8. リラクセーションをするための時間をとりましょう。特にイメージの練習を始めるときは、リラクセーションを行いましょう。リラックスしていて善し悪しを判断しない気持ちのときに、イメージは最もわきやすくなります。

9. どのようなイメージが起こってきても、どんなにとっぴで非論理的で生物学的に誤っていたとしても、それがあなたに起こってきたイメージなのです。そのままでは意味が分からなくても、イメージは私たちにヒントを与えてくれているものなのです。

10. イメージによって癒しのメカニズムは説明できます。癒しは〈魔法〉ではありません。たとえば喘息の人が、「自分の喘息はレンガの壁のように強固だが、魔法の光がやってきて突然新しい世界を開いてくれる」とイメージしたならば、癒しのプロセスは〈魔法〉です。「ブルドーザーがそのレンガの壁を壊し、人が集まってきてレンガを運び出し、そんな壁はなくしてしまう」というイメージは、自己コントロールにつながります。
11. 病気や問題が再び起こらないような道筋をつくりましょう。たとえば喘息をもっている人が、肺のなかからすべての花粉をきれいに取り除いたイメージをしたとしましょう。このイメージの仕上げは、これからも花粉が肺に入らないように網を張ることでしょう（これは肺の繊毛の動きを〈比喩〉しています。繊毛の働きは、異物を気道から取り除くことです）。
12. イメージを具体化しましょう。つまり、イメージを身体的な形で表現してみましょう。イメージを実体のあるものにすることで、変えやすくなり、また自分から分けて見ることができるようになります。

　つぎの方法を用いて、1回ではなく、何回かあなたのセルフ・ヒーリング計画を見直してみましょう。そのプロセスをとおして、洞察を得ることもあるでしょう。またイメージの変化に気づくこともあるでしょう。

* 3つの異なるイメージを文章で書くか、絵に描いてみましょう。
　雑誌などからイメージに合うものを切り抜いて貼り絵をしてみましょう。
　　　①今ここの自分、
　　　②癒されるプロセス、
　　　③健康で、統合された、ホールネスな自分。
* イメージを誰かに話してみましょう。
* 3つのイメージを
　　　①粘土でつくってみましょう。
　　　②音か、音楽作品で表現してみましょう。
　　　③体で表現してみましょう。
　　　④写真にとってみましょう。
　　　⑤散歩に出て、イメージを象徴するような花、石、木など、なんでも見つけてみましょう。

セルフ・ヒーリング・イメージの例

　参加者や患者、学生たちは、イメージが癒しにとって大きな助けとなることを発見します。イメージは人によってさまざまです。症状が変わるとき、イメージも変わります。次に紹介するのは、ヒーリング・イメージの例です。体験された方は「自分で自分を癒す力が増し、早く良い結果を出せるようになった」と言っています。

●腱鞘炎：

　腱鞘炎で苦しんでいた女性はセルフ・ヒーリングのイメージを次のように表現しました。

　私のセルフ・ヒーリング・イメージによる体験は、初めの痛みから癒しの体験へと、劇的に変化しました。初めは私の手は色が悪くて冷たく、右手の手首から指先にかけて激痛が走りました。健康なときのイメージを思い浮かべてみると、初めに指先だけが赤みを帯びてきました。練習を重ねるにつれ、少しずつ私の手全体が実際にあたたかくなり、手首から指先まで血液が自由に流れ、神経がかよう心地よさを感じるようになりました…夜には筋肉の疲れを感じてリラクセーションをして、セルフ・ヒーリングのイメージを働かせるうちに…私の手から症状がなくなっていきました。

●足首のねんざ：

　競技テニスの選手が、試合の2週間前に足首をひねってねんざしました。そこで彼女は赤血球やリンパ球が流れてきて足首にカルシウムを運び、腱を強くしてくれるイメージをしました。2週間後、足首のねんざは治り、彼女は試合に出場することができました。

●背中の痛み：

　背中に痛みをもつ学生は、「レンガ積み職人が壁の穴をレンガで埋めようとしているイメージ」をしました。彼女はその壁の向こうにはなにがあるのか見てみようとしましたが、番人がその壁を守っているようでした。「急にとても恐ろしくなりました。この壁の向こうにはなにか力のあるものが隠れていて、飛び出す機会をうかがっているのではないかと、本当に怖かったのです」。「私は痛みがまるでとがったトゲのように背中に刺さっているのを見ました。そしてそれはエネルギーの流れをせき止めていたのです」。彼女はそのトゲを抜くイメージを描いてみました。「そのトゲは私の夫で、

取ることができない。もう１年も離れて暮らしているけれど、離婚を先延ばししている。私が恐れているのは、将来がどうなるかわからないということ。不確かな未来に直面するかわりに、痛みの原因であるその主人につながってきた」。過去をふり返り始めたとき、彼女はささっているトゲを少し抜くことができました。「トゲの先が私のなかに残って、なにかステキな花を咲かせそうな気がします。そのとき、結婚して良かったことが私にとどまり、その他のことは流すことができると思うのです」。彼女は離婚の申請をし、４週間で背中の痛みはほとんど消えました。

●肝炎・消化管機能異常：
　慢性肝炎の男性は、自分がとても小さくなったイメージをして自分の肝臓のなかに入っていき、肝炎ウイルスが増えていくのを見ました。ウイルスが肝細胞に入り込み増殖するところや白血球にやっつけられるところを見ました。３カ月間彼がイメージしたものは、完璧な白血球と、ウイルスが健康な肝細胞を攻撃しないように守ってくれる薬品を肝細胞に塗っている自分でした。そして４カ月の内に彼の肝機能異常は正常にもどったのです。

●内分泌：
　ある女性が命にかかわる心筋の細菌感染で入院しました。診断を受けた彼女はすぐにイメージを始めました。
　私は、細菌がプログラムされたとおりに行動しているだけだということを知っていました。いる場所が悪いだけなのです。私がイメージしたのは、母が私の心臓のなかに入ってきて細菌を見つけたところでした。細菌は私の心臓を食べていたのです。母はやさしく言いました「だめだめ、あなたはここにいてはいけないの。さあ、散らかしたものをきれいにして、部屋をもとどおりにして出ていきなさい」イメージのなかで細菌がもぐもぐ食べるのをやめ、自分がしたことをとても申し訳なさそうにしているのが見えました。細菌は食べたかけらをもどし、私の心臓の壁にそれを返し始めました。でも壁には穴が開いていました。そこで私はイメージを変えました。母がしずかにゆりいすに腰掛けて、私の心臓の穴を編んでふさいでくれるイメージをしたのです。このイメージをしたおかげで私は早く回復できたし、開胸手術をしなくて済んだのだと思います。

●うつ状態：
　ある28歳の女性は６年前からうつ状態が続いていました。パートタイムの良い仕

事を見つけて人間関係をつくりなおしても、うつ状態は良くなりませんでした。彼女は抗うつ薬を飲むのをいやがりました。彼女のセルフ・ヒーリング計画は、うつ状態を自分の一部として受け入れる、軽んじないで認めること、自分のライフスタイルや習慣を観察して細かく記録すること、少しずつ外に出ること、1週間に2杯ずつコーヒーを飲む量を減らすこと、バスをひと停留所前で降りて学校まで歩いて運動する、アルコールの量を減らし、週4日までとし、ひとりでは飲まないこと、毎日の気分を記録すること、テレビを見る時間を減らすこと（外に出かけるようになってからはテレビを見る時間はなくなった）でした。ついに彼女は、自分がどのような毎日の生活を望んでいるかというイメージをまとめることができたのです。

ここ数年間というもの、たとえば歌をうたうなど自分を楽しませることをしてこなかったことに気づきました。そして自分の計画のなかにそれを取り入れることにしました。結果はすばらしいものでした。「私は自分の人生に、喜びをよみがえらせることができた…今は気分が良くエネルギーもあって、効率的に仕事ができる。もうぐずぐずしない…私のスケジュールはやらなければならないことで埋まっているけれど、仕事と遊びのバランスをうまくとれるようになったので、疲れるというよりやる気が出る感じです…この練習をもっと早く、何カ月も前に始めれば良かったということ」。

● 過食：
28歳の女性は、15歳のときからの嘔吐を伴う過食に苦しんでいました。彼女はセルフ・ヒーリングのプロセスのなかで、食べものと快感、食べものとコントロールの関係について気づいたと言っています。「私が10歳のとき、お母さんが仕事に復帰した。それから私は突然スナック菓子を食べても良いことになり、家には今まで以上にインスタント食品が置かれるようになった。今まで〈ごちそう〉だった食べものが突然、いつでも手に入るようになったので、ひとりぼっちのときには自分に〈ごちそう〉してあげた」。彼女が立てた4週間のセルフ・ヒーリング計画は、ひとりでいるときに（もしくは隠れて）食べる量を減らす、食べないようにすること、イライラしたときに食べるのをやめること、食べ物日記をつけること、甘いものやごちそうを家に置かないこと、家にはフルーツと野菜をたっぷり用意することでした。彼女の過食は目覚しく改善しました。このことで彼女は自信をもち、どのような問題でも克服できると信じるようになりました。次の3枚の絵は、彼女のイメージのプロセスを描いたものです。

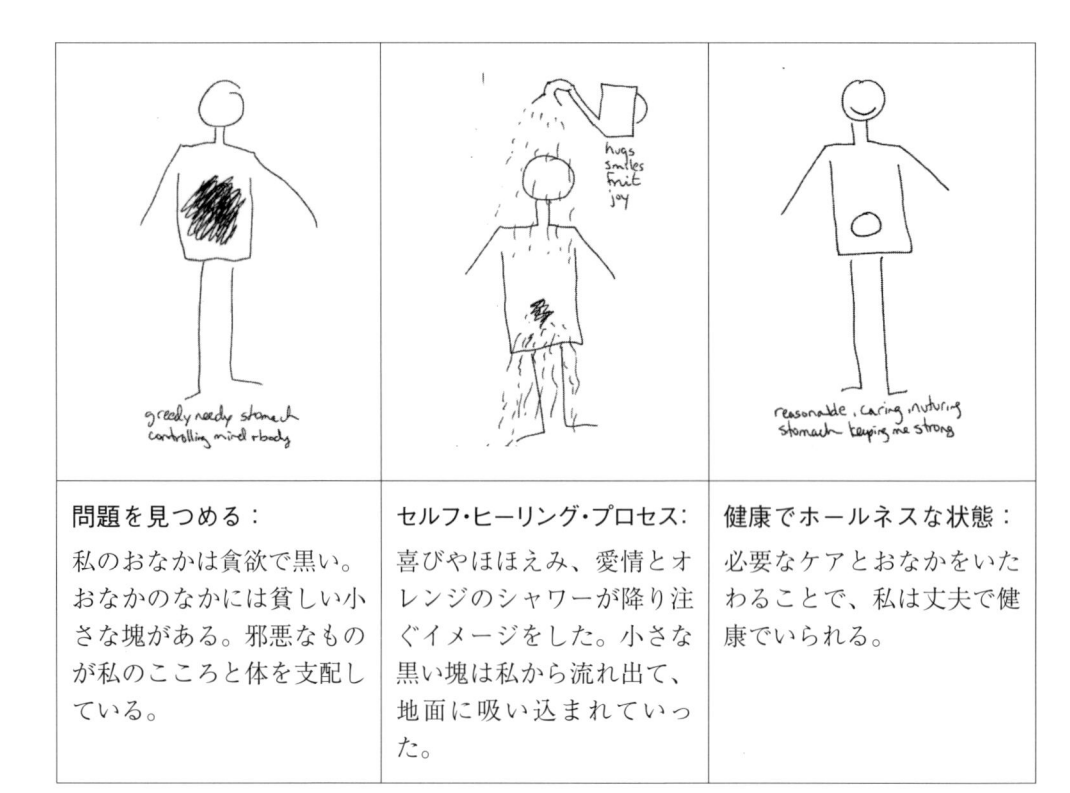

問題を見つめる：	セルフ・ヒーリング・プロセス：	健康でホールネスな状態：
私のおなかは貪欲で黒い。おなかのなかには貧しい小さな塊がある。邪悪なものが私のこころと体を支配している。	喜びやほほえみ、愛情とオレンジのシャワーが降り注ぐイメージをした。小さな黒い塊は私から流れ出て、地面に吸い込まれていった。	必要なケアとおなかをいたわることで、私は丈夫で健康でいられる。

図4-2　過食を癒すセルフ・ヒーリング・イメージ

● 背中の痛み

　25歳の男性は、4カ月ほど背中の痛みに悩まされてきました。1日に2回は背中に真っ赤な熱い炎のような痛みを感じ、その痛みを点数化すると6点（最高を10点、痛みがないのを0点として）と表現しました。彼のセルフ・ヒーリング計画は、自分の体の声を聞くこと、リラックスすること、イメージ・トレーニングをすることでした。この練習中に彼は、「私の体は全体として存在していて、どこかに影響を及ぼして、他のどこにも影響しないものなどない」ということに気づきました。4週間後、痛みは0になりました（図4－3）。

　イメージには〈正しいやり方〉というものはありません。どのような形でどんなイメージがあなたに訪れたとしても、それを大切にすることです。きっとそのイメージはあなたに意味があります。自分に合わせて新しいイメージに置きかえていきましょう。ヒーリングにつながる直感的なイメージが起こったときに、こころを開いて受け入れていきましょう。

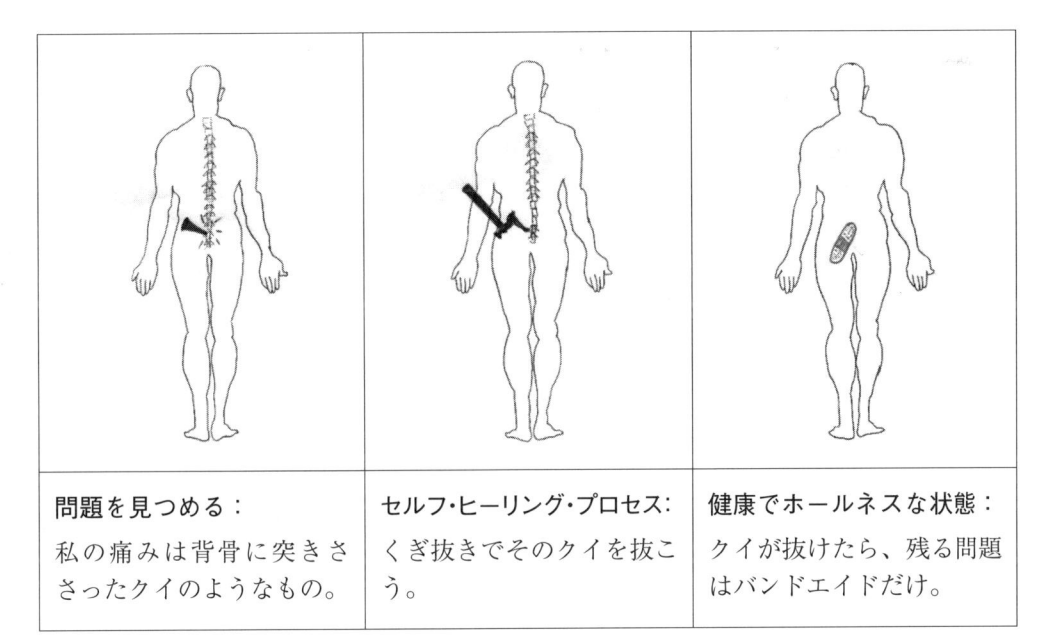

問題を見つめる：	セルフ・ヒーリング・プロセス：	健康でホールネスな状態：
私の痛みは背骨に突きささったクイのようなもの。	くぎ抜きでそのクイを抜こう。	クイが抜けたら、残る問題はバンドエイドだけ。

図4-3　背中の痛みを癒すセルフ・ヒーリング・イメージ

セルフ・ヒーリング・イメージの5つのステップは、次のとおりです。

セルフ・ヒーリング・イメージの5つのステップ

1. リラクセーション。こころを落ちつけて、穏やかな気持ちになります。すると、批判的な考えやものごとを善し悪しで判断する気持ちはうすれていきます。

2. 問題について見つめます。そのことについて今初めて見つめ考えるようなつもりで、こころを開いて、しっかり見つめ調べていくことです。

3. セルフ・ヒーリングのプロセス。あなたの問題が、健康やホールネスにつながっていくプロセスを進めていきます。ヒーリングがその問題に働いて、より健康に、ホールネスにと変わってきます。

4. 健康でホールネスな状態であること。あなたの問題が、今すでに健康でホールネスであることを見つめ、感じ、知ることが大切です。

5. 記録をつける。あなたが体験したこと、調べたイメージ、ヒーリング・プロセス、健康やホールネスについて、書きとめておきましょう。

リラクセーションとセルフ・ヒーリング・イメージの文章（例）
：練習17

　体をゆっくり動かして、ラクにしてみましょう…締め付けているところのないように衣服をゆるめて、えりもゆるめて、メガネや時計もはずしましょう。ポケットから小銭入れ、鍵も出しておきましょう（コンタクトをしている人はできればはずした方が良いでしょう。コンタクトをしていると、目をリラックスさせるのがむずかしくなります）。…ベルト、上のボタン、ズボンのファスナーの上2cmをゆるめておきましょう。ラクにイスに座るか、ソファーかベッドに横になりましょう（横になるときは、膝の下にクッションを入れたり、枕をつかったりしましょう）。

　ここで〈自分専用のリラクセーション〉を行いましょう（練習7：あなたのためリラクセーションをつくる、p.106参照）。そうでなければ、次のリラクセーションの文章を用いてみましょう。

　目は軽く閉じて、自分の体の状態にこころを送ってみましょう。体のどこかに心地よくないところがあれば、その部分に一度力を入れてから全部力を抜いてみましょう…頭の先から足の先まで、体全体を調べてみましょう。顔、くび、肩、腰、腕、手、胸、おなか、おしり、もも、脚、つま先まで、ずっと調べていってみましょう…両方の手を膝から少し浮かせて、しっかり握ってみましょう…呼吸はラクに続けたまま、手に力を入れたその感じを味わっておきましょう…体のほかの部分はリラックスさせておきましょう…手は力を入れたまま、はい、力を抜いてリラックスさせていきましょう…リラックスした感じが腕から手まで広がっていくのを味わっておきましょう…

　呼吸は続けて、首やあごはリラックスさせたままで、両方の肩を上げて耳に近づけるようにしてみましょう…そのときの胸や肩に力が入っている感じを味わっておきましょう…はい、力を抜いてリラックスさせて…リラックスした感じが海の波のように肩から腕へと広がっていくのを感じてみましょう…今度はかかとを床に押し付けて、足の指を思い切り上にあげてみましょう…脚に力が入っているのを感じてみましょう。呼吸はラクに、あごや首の力は抜いたまま…はい、力を抜いてリラックスさせて…リラックスの波が、ももから足の先まで広がっていくのを感じてみましょう…体全体がリラックスして、呼吸がゆっくりになっているのを感じてみましょう…そしてもっとゆっくりしていきましょう…

　海の波のように、自然に息を吸って吐いてみましょう…吐く息の最後には少しおなかを引っ込めるように、息を吸うときにはおなかが膨らんで広がるようにしましょう。ラクに自然に吸って、吐いて…ゆっくり、ゆっくり呼吸をしていきましょう…

　息を吸うとき、足の先から空気が入ってきて、足首、膝、もも、おしりを通って上がっ

てくるイメージをしてみましょう…息を吐くときは、空気が腕を通って指先から出ていくイメージ、脚を通ってつま先から出ていくイメージをしてみましょう…空気が腕から手へ、脚からつま先へと流れていって、絶えることなく流れ出ていくイメージをしてみましょう…

　息を吐くとき、あたたかい流れが外へと流れていくイメージをしてみましょう…呼吸を少しずつゆっくり、長くしていきましょう…少しずつ深い呼吸にしていきましょう…気が散ってしまうならば、もう一度気持ちをゆっくりとして規則的な呼吸に集めてみましょう。そして腕と脚から空気が流れ出ていくのを感じてみましょう…指先が脈打っているのを感じてみましょう…吐く息が腕を通って降りていくと、手があたたかくなるのを感じてみましょう…少しの間、そのままラクに呼吸を続けてみましょう…

　　　〈あなただけのリラクセーション〉か、上記のリラクセーションに
　　　続けて、次に書かれている通りにやってみましょう。

　練習すればするほど、すぐにリラックスできるようになります。そしてすっとリラックスできるようになればなるほど、気づきはいっそう深まり、あなたのセルフ・ヒーリングのエネルギーが動き始めます。そしてホールネスになっていくのです…練習すればするほど、自分に備わっている健康になる力を自分で揺り動かしているということが分かります…

　呼吸はゆっくり深くして…息をしずかに規則的に吐くときに、あなたがやすらぐことば、たとえば「気持ちが落ち着いている」といったことばを、何回もくり返して言ってみましょう…しばらくの間、気持ちを呼吸に集めて、息を吐くときにあなたのことばをくり返し言ってみましょう…呼吸はゆっくりと、だんだん深くしていきましょう…呼吸が深くなったとき、あなたの健康が動き出すということを覚えておいてください。

　はい、ことばを言うのをやめて、呼吸はゆっくり規則的に続けたままで…あなたが問題を感じていることを、はじめて見聞きしたことのようなつもりで、よく調べてみましょう…今、その問題はどのように見えるのか、ただ眺め、感じてみましょう…なにかイメージや感覚、考えが浮かんでくれば、そのままにしておきましょう。イメージは白黒かもしれません、カラーであるかもしれません、体になにかを感じたり、感情が起こったりするかもしれません…どのようなイメージでも、わいてくるままにしておきましょう…イメージが浮かぶプロセスで癒しやホールネスが起こるのです…自分が癒されていくプロセスを見つめ、感じてみましょう…しばらくの間、このヒーリングのプロセスを続けてみましょう…

　ヒーリングのプロセスはいつでも起こっています。それはたいてい私たちの意識を超えたところで続いているのです。ある人には、それは1日中こころのなかで聞こえている音楽のようにやってきます…癒しが完成するまでのいとなみを感じてみましょう…あなたに起こってきたイメージか象徴的なものをひとつ選んで、今日1日それをこころに留

めておきましょう。
　今度は、あなたのイメージと体験をホールネスに、統合されたものにと変えていきましょう…あなたも宇宙の一部だということを覚えておいてください…深い、穏やかな静寂をよく味わっておきましょう…呼吸はできるだけラクに吸って吐いて…吸って吐きます。息を吸うとき、太陽のきらめく光とともに紫外線が細胞を貫いて入ってくるように、ヒーリングのエネルギーが体のなかに注ぎ込むイメージをしてみましょう。そして息を吐くときヒーリングのエネルギーが青い雲のように体から出ていくイメージをしてみましょう…しばらくの間、このイメージを続けてみましょう…自分の1日を映画でも見るように楽しみながら見てみましょう。ほんとうにしたいと思ってしてたこと、自分でいることの幸せ、自由と人とのつながりを感じてみましょう…

　　　　数分後、次の文章を続けます。

　練習すればするほど、あなたのセルフ・ヒーリングのエネルギーを揺り動かすことができます…自分がよりホールネスになり、より健康になったことを自分でほめてあげましょう。そしてヒーリング・プロセスとヒーリング・イメージが今日1日、あなたにあふれ続けるようにしましょう。

　あなたは目を覚ますこともできます。このまま眠ってしまってもかまいません…目を覚ましたいと思ったら、大きく深呼吸をして、リラックスしたまま思い切り伸びをして、ゆっくりと目を開けてみましょう。眠ってしまっても目覚めたとしても、ヒーリングのプロセスはずっと続いています。

　毎日この練習をした後、あなたが体験したことを「記録用紙　セルフ・ヒーリングのイメージをつくる：練習17」に書いておきましょう。そして別の紙に①あなたにとって問題なこと、②ヒーリングのプロセス、③統合されたホールネスな自分の絵を描いておきましょう。
　あなたが癒されるイメージについて表現するとき、ヒーリングのプロセスはとてもしっかりしたものであって〈魔法〉ではないということ、そして同じ状態にもどらないように問題が根本的に変化するのだということを覚えておいてください。絵は小さな黒い塊でも、複雑な生き物で表現しても、カラフルなものでもかまいません。どれもみな大切なイメージなのです。
　1週間の終わりには、「質問　セルフ・ヒーリングのイメージをつくる：練習17」に答えてください。グループに参加した後で「ディスカッションとまとめ　セルフ・ヒーリングのイメージをつくる：練習17」に記入してください。

記録用紙

セルフ・ヒーリングのイメージをつくる：練習 17

　　　　　　　　　　　　　　　　　　　　　　　年　　　月　　　日
　　　　　　　　　　　　　　　　　　　　お名前＿＿＿＿＿＿＿＿＿＿＿＿

　毎日の練習の後、①あなたのセルフ・ヒーリング・イメージ、②イメージを通して体験したこと、③今日1日、セルフ・ヒーリング・イメージを思い出すのにどうするか、を書いてみましょう。

1日目（　　月　　　日）

①

②

③

2日目（　　月　　　日）

①

②

③

3日目（　　月　　　日）

①

②

③

4日目（　　月　　日）

①

②

③

5日目（　　月　　日）

①

②

③

6日目（　　月　　日）

①

②

③

7日目（　　月　　日）

①

②

③

質 問

セルフ・ヒーリングのイメージをつくる：練習 17

　　　　　　　　　　　　　　　　　　　　　　　年　　　月　　　日

　　　　　　　　　　　　　　　　　　　　お名前＿＿＿＿＿＿＿＿＿＿＿＿

1. 練習して良かったのはどのようなことでしたか？
………………………………………………………………………………………………

2. あなたの〈セルフ・ヒーリング・イメージ〉はどのようなものでしたか？
………………………………………………………………………………………………

3. 自分が描いた絵を見て、どのような気づきがあったでしょうか？
………………………………………………………………………………………………

4. なにか困ったことはありましたか？
………………………………………………………………………………………………

5. その困ったことを、どのように解決したでしょうか？
………………………………………………………………………………………………

6. その他、気づいたこと、感じたことは…
………………………………………………………………………………………………

> ディスカッションとまとめ

セルフ・ヒーリングのイメージをつくる：練習 17

　　　　　　　　　　　　　　　　　　　　　　年　　　月　　　日

　　　　　　　　　　　　　　　　　　　お名前＿＿＿＿＿＿＿＿＿＿

1. グループ・メンバーの話で印象に残ったのは、どのようなことでしたか？

2. あなたに役に立ちそうなことは、どのようなことでしたか？

3. その他、気づいたこと、感じたことは…

セルフ・ヒーリング：練習18

　計画を進めながら自分の計画を評価して、必要があれば変えていきましょう。あなたの行動を変える計画を進める間、あなたの変化を記録し続けておきましょう。グラフを書いたり図で表したりすると、変化がよく分かります。問題を解決するのにも役立つでしょう。自分が思うように変われないときは、なにが起こっているのかをはっきりさせ、そして計画を変えていきましょう。大きすぎる目標を掲げていないでしょうか？

　毎日練習を終えた後、「記録用紙　セルフ・ヒーリング：練習18」に記入しましょう。1週間の終わりには、「質問　セルフ・ヒーリング：練習18」に答えてください。それから「ふり返りのための質問　セルフ・ヒーリング：練習18」に答えて、自分自身の体験をふり返ってみましょう。ふり返りを分析して、あなたのセルフ・ヒーリングの計画を変えていってみましょう。そして最後に、グループに参加した後で「ディスカッションとまとめ　セルフ・ヒーリング：練習18」に記入してください。

　「ふり返りのための質問　セルフ・ヒーリング：練習18」と「ディスカッションとまとめ　セルフ・ヒーリング：練習18」のまとめを利用して、あなたのセルフ・ヒーリングの練習を微調整しましょう。そしてこの練習を、もう3週間続けます。毎日あなたに適した「記録用紙　セルフ・ヒーリング：練習18」に記入しましょう。それから「ふり返りのための質問　セルフ・ヒーリング：練習18」に答えて、自分自身の体験をふり返ってみましょう。グループに参加した後で、その週の「ディスカッションとまとめ　セルフ・ヒーリング：練習18」に記入してください。

記録用紙

セルフ・ヒーリング：練習18（第1週目）

　　　　　　　　　　　　　　　　　　　　　　年　　　月　　　日

　　　　　　　　　　　　　　　　　　お名前＿＿＿＿＿＿＿＿＿＿

　毎日練習の後で、①セルフ・ヒーリングの練習で体験したこと、②客観的、主観的な変化の指標のデータを記録しておきましょう。データのグラフや表を自分で工夫してつくるのも良いでしょう。

1日目（　　月　　　日）

①

②

2日目（　　月　　　日）

①

②

3日目（　　月　　　日）

①

②

4日目(　　月　　日)

①

②

5日目(　　月　　日)

①

②

6日目(　　月　　日)

①

②

7日目(　　月　　日)

①

②

質問

セルフ・ヒーリング：練習18（第1週目）

年　　　月　　　日

お名前＿＿＿＿＿＿＿＿＿＿

1. この練習で良かったことはどのようなことでしたか？

2. 練習の前、練習中、後では、あなたの気分や体の状態はどのように変わりましたか？

3. 主観的、客観的指標としてどんなことを選びましたか？

4. 今週の成果を活かして、来週は練習を変えたいと思うことはありますか？

5. 困ったことはありましたか？　どのようにしてそれを解決したのでしょうか？

6. その他、気づいたこと、感じたことは…

ふり返りのための質問

セルフ・ヒーリング：練習18[2]（第1週目）

　　　　　　　　　　　　　　　　　　　　　年　　　月　　　日
　　　　　　　　　　　　　　　　　　　お名前＿＿＿＿＿＿＿＿

●私のセルフ・ヒーリング計画への取り組み方はどうだったか？

●私の目標と、もうひとつ下の小さな目標はハッキリしているか？

●自分の計画を、実行できるように小さくまとめたか？

●始める前の状態をハッキリ記録したか？

●集めたデータを記録する用紙は適当か？

●毎日記録が書けているか？　書けていないならば、どうしたらいいのか？

2　Watson DL & Tharp RG : Self-Directed Behavior. Self-Modification for Personal Adjustment (6th ed). Monterey: Brooks/Cole, 1992. より改変

●困っていることはなにか？

●計画を続けるために、周囲の人に助けを求めたか？　援助を受けたか？　そうでなければ、必要な援助を受けるために、どうしたら良いか？

●計画を実行するにあたって、自分にやる気を起こさせるものや小さな〈ごほうび〉を用意したか？　していないなら、どんな〈ごほうび〉が計画を進めるのに必要か？

●新しい行動を始めるのに、こころのなかでくり返し練習したか？

●やっていておもしろいか？　楽しくないならば、この計画を楽しめるようにするにはどうしたら良いか（おもしろくないとしたら、どんなところがつまらないのか）？

☆自分自身の変化をふり返った後、自分のセルフ・ヒーリングの計画で、変更したほうが良い点があれば、書いておきましょう。

ディスカッションとまとめ

セルフ・ヒーリング：練習 18（第 1 週目）

　　　　　　　　　　　　　　　　　　　　　　　　　　年　　　月　　　日

　　　　　　　　　　　　　　　　　　　　　　お名前＿＿＿＿＿＿＿＿＿＿

1. グループ・メンバーの話で印象に残ったのは、どのようなことでしたか？

2. あなたに役に立ちそうなことは、どのようなことでしたか？

3. その他、気づいたこと、感じたことは…

記録用紙

セルフ・ヒーリング：練習18（第２週目）

　　　　　　　　　　　　　　　　　　　　　　　年　　　月　　　日

　　　　　　　　　　　　　　　　　　　お名前＿＿＿＿＿＿＿＿＿＿＿＿

　毎日練習の後で、①セルフ・ヒーリングの練習で体験したこと、②客観的、主観的な変化の指標のデータを記録しておきましょう。データのグラフや表を自分で工夫してつくるのも良いでしょう。

１日目（　　月　　　日）
①

②

２日目（　　月　　　日）
①

②

３日目（　　月　　　日）
①

②

4日目（　　月　　日）

①

②

5日目（　　月　　日）

①

②

6日目（　　月　　日）

①

②

7日目（　　月　　日）

①

②

> ふり返りのための質問

セルフ・ヒーリング：練習18（第2週目）

年　　　月　　　日

お名前＿＿＿＿＿＿＿＿

1. この練習で良かったことはどのようなことでしたか？
　………………………………………………………………………………………………

2. 練習の前、練習中、後では、あなたの気分や体の状態はどのように変わりましたか？
　………………………………………………………………………………………………

3. 主観的、客観的指標としてどんなことを選びましたか？
　………………………………………………………………………………………………

4. 今週の成果を活かして、来週は練習を変えたいと思うことはありますか？
　………………………………………………………………………………………………

5. 困ったことはありましたか？　どのようにしてそれを解決したのでしょうか？
　………………………………………………………………………………………………

6. その他、気づいたこと、感じたことは…
　………………………………………………………………………………………………

ディスカッションとまとめ

セルフ・ヒーリング：練習18（第2週目）

　　　　　　　　　　　　　　　　　　　　　　年　　　月　　　日

　　　　　　　　　　　　　　　　　　　お名前＿＿＿＿＿＿＿＿＿＿

1. グループ・メンバーの話で印象に残ったのは、どのようなことでしたか？

2. あなたに役に立ちそうなことは、どのようなことでしたか？

3. その他、気づいたこと、感じたことは…

記録用紙

セルフ・ヒーリング：練習18（第3週目）

年　　　月　　　日

お名前＿＿＿＿＿＿＿＿＿＿

　毎日練習の後で、①セルフ・ヒーリングの練習で体験したこと、②客観的、主観的な変化の指標のデータを記録しておきましょう。データのグラフや表を自分で工夫してつくるのも良いでしょう。

1日目（　　月　　　日）
①

②

2日目（　　月　　　日）
①

②

3日目（　　月　　　日）
①

②

4日目（　　　月　　　日）

①

②

5日目（　　　月　　　日）

①

②

6日目（　　　月　　　日）

①

②

7日目（　　　月　　　日）

①

②

> ふり返りのための質問

セルフ・ヒーリング：練習18（第3週目）

　　　　　　　　　　　　　　　　　　　　　　　　年　　　月　　　日

　　　　　　　　　　　　　　　　　　　　　お名前＿＿＿＿＿＿＿＿＿＿

1. この練習で良かったことはどのようなことでしたか？
……………………………………………………………………………………………………

2. 練習の前、練習中、後では、あなたの気分や体の状態はどのように変わりましたか？
……………………………………………………………………………………………………

3. 主観的、客観的指標としてどんなことを選びましたか？
……………………………………………………………………………………………………

4. 今週の成果を活かして、来週は練習を変えたいと思うことはありますか？
……………………………………………………………………………………………………

5. 困ったことはありましたか？　どのようにしてそれを解決したのでしょうか？
……………………………………………………………………………………………………

6. その他、気づいたこと、感じたことは…
……………………………………………………………………………………………………

ディスカッションとまとめ

セルフ・ヒーリング：練習 18（第 3 週目）

　　　　　　　　　　　　　　　　　　　　　　　　年　　　月　　　日

　　　　　　　　　　　　　　　　　　　お名前＿＿＿＿＿＿＿＿＿＿

1. グループ・メンバーの話で印象に残ったのは、どのようなことでしたか？

2. あなたに役に立ちそうなことは、どのようなことでしたか？

3. その他、気づいたこと、感じたことは…

記録用紙

セルフ・ヒーリング：練習18（第4週目）

　　　　　　　　　　　　　　　　　　　年　　　月　　　日

　　　　　　　　　　　　　　　　お名前＿＿＿＿＿＿＿＿＿＿

　毎日練習の後で、①セルフ・ヒーリングの練習で体験したこと、②客観的、主観的な変化の指標のデータを記録しておきましょう。データのグラフや表を自分で工夫してつくるのも良いでしょう。

1日目（　　月　　　日）
①

②

2日目（　　月　　　日）
①

②

3日目（　　月　　　日）
①

②

4日目（　　月　　日）

①

②

5日目（　　月　　日）

①

②

6日目（　　月　　日）

①

②

7日目（　　月　　日）

①

②

ふり返りのための質問

セルフ・ヒーリング：練習18（第4週目）

　　　　　　　　　　　　　　　　　　　　　　　　年　　　月　　　日

　　　　　　　　　　　　　　　　　　　　お名前＿＿＿＿＿＿＿＿＿＿

1. この練習で良かったことはどのようなことでしたか？

2. 練習の前、練習中、後では、あなたの気分や体の状態はどのように変わりましたか？

3. 主観的、客観的指標としてどんなことを選びましたか？

4. 困ったことはありましたか？　どのようにしてそれを解決したのでしょうか？

5. その他、気づいたこと、感じたことは…

ディスカッションとまとめ

セルフ・ヒーリング：練習18（第4週目）

年　　　月　　　日

お名前＿＿＿＿＿＿＿＿＿＿

1. グループ・メンバーの話で印象に残ったのは、どのようなことでしたか？

2. あなたに役に立ちそうなことは、どのようなことでしたか？

3. その他、気づいたこと、感じたことは…

あなたの体験を統合する

結果を記録して体験全体を統合することは、あなたのヒーリング・プロセスをより確かなものにします。第１章の終わりにある「ふり返りとまとめ：あなたの体験をまとめる」「まとめ（サマリー）を書くために」（p.16 − 17）を参考に、あなたの体験を書きとめておきましょう。前の週をふり返り、書いたものを読み返して、自分に問いかけてみましょう「このセルフ・ヒーリングのプロセスで、どう変わったか？　なにを学んだか？　どれくらい成長したか？」失敗も成功も、両方とも大切にしましょう。

人の変化は、周囲から見ると劇的な変化として受け取られます。ある女性のルームメイトは、次のような驚きのレポートを書いています。

❈ レポート１：ルームメイトの変化

彼女はいつも気分屋だった…腹を立てたり…毒づいたり…うつ状態になるとまるで元気がなくなり、うつ状態がひどいときはベッドから出ようとしないのですぐ分かった。彼女は１日中毛布をかぶって横になり、とても感傷的だった…このような感情の不安定さは、彼女の生まれつきのもののように思えた。我慢しなければしかたないものだと思っていた…

（このセルフ・ヒーリングの計画は）彼女にすごい効果をもたらした。こころが揺れようものなら、かつては予測もできないほど突然ものすごい大きさで感情が爆発したけれど、今では気持ちが揺れたとしてもきちっとコントロールされてすぐにおさまる。彼女は本当に安定したと思う。気分の揺れを単にコントロールすることを学んだだけでなく、彼女は良い人になったように見える。穏やかで強い人になった。安定して、よく不安定な人がするような自制のきかない行動をとらなくなったように思う。彼女はものごとに対処しやすくなり、私も彼女につき合いやすくなった（私はマザー・テレサではないので）。なによりも良かったのは、彼女がこの数週間に身につけた智慧を私に話してくれたことです。だから私ももっと良い人になれるでしょう。

♣ レポート２：体重と自己イメージ

　練習を続けることで、体重で1.4kg、（おなかで）20cmもやせました。体型に関する感覚も変わりました。日がたつにつれ、太った私はどんどん小さくなっていきました。まだ太っているけれど、クジラから小さな魚に大きさは小さくなりました。体重に関する妄想の下に閉じ込められていた感情もよみがえってきました。私の異性に対する感情も、この妄想にもとづいているものでした。私は男性に近づくのを恐れると同時に、親密になることにも憧れていました。私は５年間不倫を続けていましたが、その関係にものすごく不安定な感情をもち続けていました。この数週間、私は〈親密になることを恐れている自分〉に向かい合えたおかげで、不安定な感情は薄れてきました。体重がほんの少し減っただけでなく、情緒的な重さも軽くなりました。

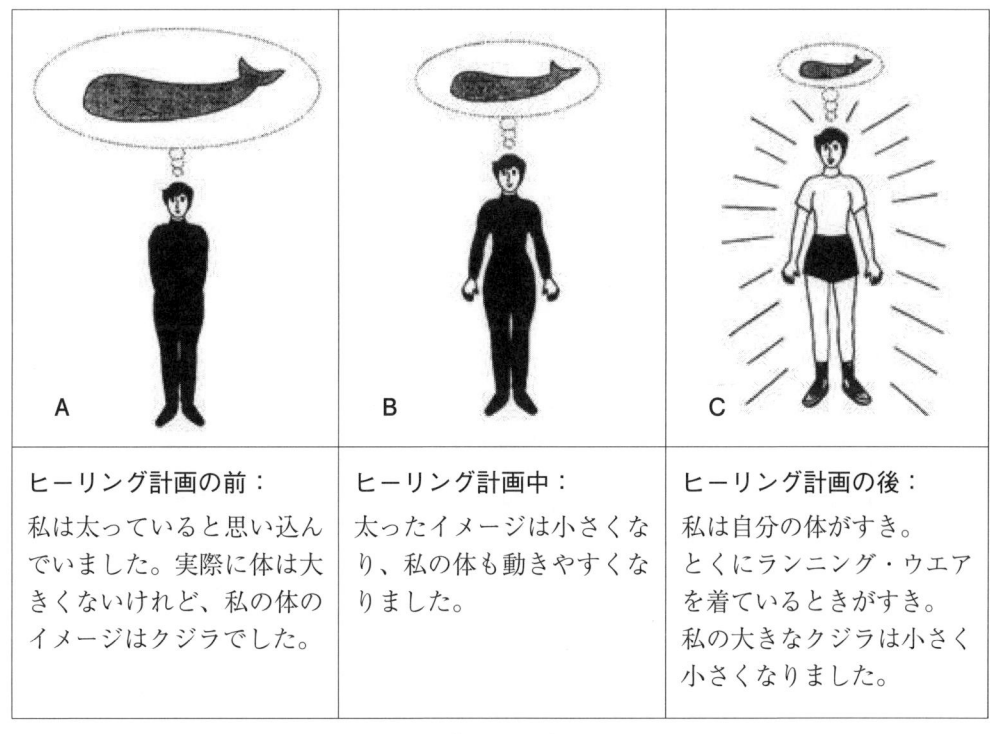

A	B	C
ヒーリング計画の前：私は太っていると思い込んでいました。実際に体は大きくないけれど、私の体のイメージはクジラでした。	ヒーリング計画中：太ったイメージは小さくなり、私の体も動きやすくなりました。	ヒーリング計画の後：私は自分の体がすき。とくにランニング・ウエアを着ているときがすき。私の大きなクジラは小さく小さくなりました。

図4-4　ヒーリングのプロセスで自己イメージが変わった

〈日本のみなさんに、特別のメッセージ〉

セルフ・ヒーリング体験記
　── 子どもの自分が教えてくれた「自分を大切にすること」──

　こんにちは。わたしは、サンフランシスコ州立大学でこのワークブックの著者であるペパー教授の講座に参加した女子学生です。西洋的ホリスティック・ヘルスの授業は、のっぽでもしゃもしゃ頭、カジュアルな装いのペパー教授が、ちょっとオランダなまりのある早口の英語で講義を進めます。場所は大階段教室で学生は100人ほど。「あの授業は大変！」と噂されるとおり、毎週数冊、数百ページに及ぶ読書が課され、論述式の試験が2回、ワークブックの体験記録を毎週提出し、レポートも2つ書かなければなりません。しかしこの講座が学期の終わりに（多量の課題へのうめき声とともに）学生の感動の言葉を生み出す秘密は、このワークブック『Make Health Happen』にあります。

　私がこの講座の最後の4週間にセルフ・ヒーリング・プロジェクトとして取り組んだのは、頭の湿疹のかさぶたを掻いてしまう20年来の悪い癖でした。本を読むときなどつい手が頭へ行って、髪をもて遊んだりかさぶたをとったりするこの癖は、高校時代に始まりました。当時は気にとめませんでしたが、数年前から家族関係や職場でのストレスが高じるにつれ、やめたいと思ってもやめられない強迫的な悪癖になってしまったのです。

　1週間小さなノートをもち歩いて数えたところ、かさぶたをとったのは99回、頭の掻き傷は53カ所で、十数カ所は炎症を起こしている状態でした。この課題に挑むために、毎日のイメージ法、考え方を肯定的に変えること、そしてヨーガや水泳など、手当り次第に取り組みました。

　「自分を大切にする」こと、それは特に日本人のしかも女性である私にとっては難題でした。やりたくない仕事を頼まれてもとっさの瞬間に「ノー」のひとことが言えず、つい「イエス」と応えてしまう。そんな自己犠牲的な態度がすっかり身につき、仮に私の希望や時間を優先しようものなら「我がままを通している」ような罪悪感にかられました。自分自身に対しても、ものごとがうまく行かなければ「だめじゃない

か」、うまく行けば「図に乗るんじゃない」と、私のなかに住む批評家が始終私をかりたてていました。そのたびにあせりと無力感がわき、それをなだめるかのように傷をむしっていたのです。「私は真に自分の人生を生きているのか」、私の症状はそう尋ねているようでした。

　手始めに、ワークブックにある３つのイメージ（問題、治療過程、健康のイメージ）に取り組みました。最初はイメージにたどり着くまでが一苦労でした。リラックスしようとしても思い浮かぶのは雑念ばかり。こころと体の架け橋としてのイメージを実感するどころではありませんでした。しかし、次第にイメージが形を変えて現われ始めました。１週間、毎日イメージ法を続けた後、頭皮をいじる回数は半分に減りました。ストレス解消法と称してプールに通ううちに、去年まで金槌だった私が２週間後には1,000メートル泳げるようになるという、嬉しい「副作用」も現れました。

イメージ法　第１日目

 問題のイメージ：	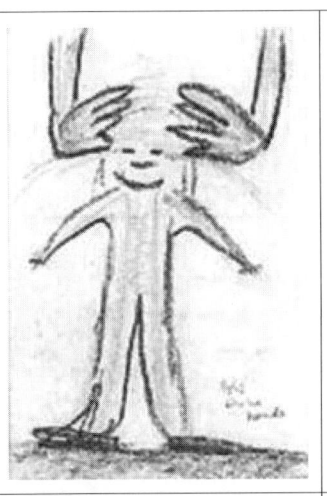 治療過程のイメージ：	 健康体のイメージ：
小さい女の子が、お母さんと友だちに、がみがみとなじられて泣いている。	天から神々しい手が降り、私の頭を触る。すると、からだ中に力と威厳がみなぎる。	世界と私のあいだに光が行き交う。私は背筋を伸ばして歩き、ものごとに動じない強さと中傷を笑いとばすユーモアをもっている。

最も劇的な変化の引き金となったのは、ペパー教授との会話でした。私のイメージ画を見て、教授は「子どものときの自分から、架空のやさしいおばさん宛に手紙を書いてみてはどう？　もちろん、実際に切手を貼って投函しないとね。そして、受け取ったら、今度はおばさんから子どもの自分宛に手紙を書くんだ。やってみるといいよ」と言われました。

　さっそく子どもの自分にかえったつもりで、ひらがなばかりの手紙を書き始めました。すると感情がわき上がって涙があふれ、せっかく少し治まっていた癖が急に悪化してとみじめな有様でした。しかし問題の中核に取り組んでいる手応えがありました。

　そして翌日、不思議なことにかさぶたをとる衝動が消えてなくなったのです。こんなことは初めてでした。手紙は全部で5通投函しましたが、そのたびに症状が一見悪くなっては、次に格段に良くなる、一歩後退二歩前進をくり返しました。

　また自分のなかの子どもと対話をするようになりました。たとえば、頭皮に触りたくなるたびその衝動に「どうしたの？」と尋いてみる。ときには、気乗りのしない仕事に対して「こんなことやりたくない！」と正直な答えが返ってきました。またあるときは、私の気づかなかった疲れや体の要求に、注意を向けさせてくれました。治りかけている傷をこわしてしまう自虐的で強迫的な私の衝動は、真の欲求に耳を貸さないばかりかそれを抑圧してきた自分への反乱だったのでしょう。嫌がる子どもをせきたてる、失敗をなじる、成功を認めない、そのような、子どもには決してしたくない過酷な仕打ちを自分に対しては平気で続けてきたことを、私の症状は教えてくれました。

　かつて薄気味悪いこびとのイメージであった子どもの自分を、自分の大切な一部として迎え入れるようになれたのは、イメージ法と文通、対話のおかげでした。セルフ・ヒーリング・プロジェクトの4週目、傷に触る回数はゼロに、かさぶたの数も12カ所に減りました。「自分を大切にする」こと、それが健康への、そして真に自分の人生を生きるための第一歩。私のなかの子どもは、そう教えてくれます。

　日本でも多くの方が、このワークブックを活用して「Make Health Happen!（健康をつくりだす）」ことを楽しみにしています。

　　　　　　　　　　　　　　　　　　　　　　　　　　　　　　　カトウ・セイコ

第4章 イメージと行動を変えて自分自身を癒す　241

イメージ法　第2日目

	**問題のイメージ：** 小さな黒い頭巾の恐ろしいこびとが私を引きずり回している。私の体の循環が滞り青い点線のように見える。
	**治療過程のイメージ：** かがんでこびとの黒い頭巾とマントをとってあげる。目の高さに座り、その言うことに耳を傾ける。黒衣装のなかから明るい光とともにかわいらしい子どもが現れる。
	**健康体のイメージ：** 純粋でこころのやさしい子どもをおんぶしている様子。仲良く同じ行程を行く。

もっともっと自分になる
―訳者　あとがき―

　このワークブックを初めて読んだとき、嬉しくてドキドキしました。私が長年学んできた、カウンセリングにもとづく成長グループのエッセンスが詰まっていると感じたからです。こころのひだに寄り添っていくカウンセリングと、この本に書かれているような、こころと体の「心地よさ」に気づくことと、ヒーリング・プロセスは、私たちがいきいきと生きるために、どちらも大切で必要な、車の両輪のようなものだと、私は考えています。

　私は、子どものころから胃腸が弱く、冷え性で、肩こりもひどかったのですが、これは体質なのでどうしようもないことだと思っていました。ところがカウンセリングに出会い、幼い頃からどれほど自分が傷ついてきたかということに気づいてその傷を癒し、それから呼吸を整え、力を抜いて生活することを体で覚えたところ、肩は無理したときだけこるようになりました。冬でも靴下なしで眠れるようになりました。食べた分だけ太るようになってしまいました！　私の不調は、実は体質ではなく、悪い習慣や生活上のクセで、自分で体を悪くしていたのです。つまり、そのことに気づいて悪い習慣を改めれば、必ず変化が起こります。この本のワークも、カウンセリングでも同じことが言えますが、「自分で取り組んで変えることができた」という手応えは、その他のことに応用できるので、自分の生きる力となります。自分のこころと体は、自分で整えていくことができる。誰でももっともっといきいきと、健やかに、穏やかに生きる自分を創造できる。そんなことを、ひとりでも多くの方に体験していただきたくて、この本を書きました。

　「実践ワークブック　新しい認知行動療法―健康に生きるための18の秘訣―」は、「Creating Wholeness」（1993年）の改訂第二版「Make Health Happen」（2002年）の翻訳をもとに、改編したものです。全訳すると約2倍の量になるので、くり返しをはぶいてシンプルにまとめました。読みやすさを優先し、実際のワークでつかえるように、特にリラクセーションやイメージの〈語りの文章〉は、私の今までのカウンセ

リング・グループ体験をふまえて書き変えました。もちろん、原著の意とするところを尊重して、エッセンスをのがさないように注意を払っています。生きたことばに意訳をすることの大切さを理解し、日本人に適したものにアレンジすることを自ら提案してくださったエリック・ペパー先生のご配慮に感謝します。

今回、金芳堂から出版の運びとなりました本書は、ペパー先生のご意向で、第1章「私たちは、食べたものの集大成」「動かないとさびついてしまう」第3章「会って、感謝を伝える：練習14」を新たに書き加え、内容もさらに充実したものとなっています。

ワークはみんなで体験するともっと楽しく、気づきも多く、長続きします。グループ・ワークも行っていますので、ご希望の方は、ヒューマン・センターまでお問い合わせください。

2010年夏

ヒューマン・センター代表　六浦　裕美

〒604-8223
京都市中京区四条新町通上ル小結棚町 431-702 号
TEL/FAX 075-708-7857　　ヒューマン・センター
E-mail: humancenter@pony.ocn.ne.jp
URL: http://www12.ocn.ne.jp/~humancen/

索 引

あ行

悪夢	55
アレルギー	166
異化反応	20
怒り	55, 157, 159
憤り	157
痛み	205, 208
イメージ	180
イメージ・トレーニング	137
癒し手	70
いらだち	159
受身の状態	35
動く瞑想	98
うちなる導き手	188
うつ	206
エアロビクス	4, 8
エクササイズ	7, 8
エネルギー	128
エネルギー・レベル	6, 7, 22, 24, 172
オーディオ・ファイル	40
恐れ	157
音楽	162

か行

絵画	162
過呼吸	54
かさぶた	238
過食	207
肩こり	182
語りの文章	40
過度の刺激	20
カフェイン	84, 183
かゆみ	182
肝炎	206
機能曲線	20
虐待	116
胸式呼吸	54, 55
狭心痛	55
強制命令	116
胸痛	55
恐怖症	55
筋萎縮性側索硬化症	167
禁煙	13, 138
緊張	55
けいれん	55
健康	2, 4
健康的な食事	4
腱鞘炎	205
交感神経	32, 55
呼吸	50, 51, 52
呼吸困難	55
こころの"観察者"	15
孤独	157

さ行

淋しさ	157
自己イメージ	237
自己コントロール	13
自己受容	199
失神	55
湿疹	183
しっと心	182
しびれ	55
自分探し	14
自分のうた	167
自分の気づき	14
写真	162
受容	39
消化管機能異常	206
消化不良	55
条件づけ	64, 65
心筋梗塞	56
心配症	137
心理的アプローチ	10
睡眠障害	55
頭痛	182
ストレス	10, 19, 24, 87, 183
ストレス・レベル	87, 88

ストレス対処法	2	
ストレッサー	98	
砂絵	162	
スペシャル・プレイス	73, 188	
成長する力	3	
セルフ・ヒーリング	11, 182, 193, 202, 205, 217	
セルフ・ヒーリング・イメージ	209	
喘息	55, 204	
創造性	5	
ソーシャル・サポート	5, 198	

た行

ダイナミック・リジェネレーション	31, 32
ダイナミック・リラクセーション	42, 43, 112
タバコ	138, 183
ダンス	162
彫刻	162
抵抗	11
ディスポネイシス	97
同化反応	20
動悸	55
〈闘争−逃走、すくみ〉反応	6, 8, 19, 20, 32, 50, 79
トラウマ	155, 156, 157

な行

内分泌	206
人間の機能曲線	19, 20, 21
認知	112
ねんざ	205

は行

パーソナリティ・チェンジ	116
ヒーラー	70
ヒーリング・イメージ	2, 187
引きつり	55
疲労感	55
頻脈	55
副交感神経	32
腹式呼吸	2, 40, 42, 50, 55, 56, 57
フラストレーション	157
ふり返り	16
震え	55
片頭痛	55, 83
ホールネス	1, 64, 66, 68, 157
ホリスティック・ヘルス	2

ま行

マインドフルネス	2, 39
無意識	184
めまい	55

や行

有酸素運動	4, 8
ユーモア	5
腰痛	182
抑圧	160
抑うつ気分	182
欲求不満	159

ら行

リジェネレーション	31, 32
リラクセーション	2, 19, 41, 79, 106
リラクセーション・イメージ	64, 66, 68, 70
リラックス	5, 33, 97
レイノー病	55

欧文

ALS	167
QR	78, 79, 80, 81, 82, 198

[プロフィール]

エリック・ペパー（Erik Peper）

1968 ハーバード大学卒業（生物学）。ニューヨーク大学大学院などで心理学を専攻。1968～1970 マサチューセッツ工科大学電子工学研究室認知情報処理研究班心理研究員。1974～1975 スタンフォード研究所心理研究員。1981～1985 新体操米国代表チーム心理トレーナーを経て、現在サンフランシスコ州立大学健康教育学部教授／ホリスティック医療研究所所長。バイオフィードバック認定国際機構 Biofeedback Certification International Alliance（BCIA）シニアフェロー。欧州バイオフィードバック財団 Biofeedback Foundation of Europe（BFE）理事長。著書「Healthy Computing」で 2004 カリフォルニア州知事賞（産業衛生功労賞）受賞。米国応用精神生理学＆バイオフィードバック学会（AAPB、1976-77）元会長など、歴任。

* * *

竹林直紀（たけばやしなおき）

ナチュラル心療内科クリニック 院長／アイ・プロジェクト統合医療研究所 所長。愛知医科大学卒業後、関西医科大学と九州大学にて心身医学を研修。BCIA 認定バイオフィードバックセラピスト。米国サンフランシスコ州立大学にてバイオフィードバックとホリスティック医療を研究。薬を使わない独自の治療法「マインドフルネス・ニューロセラピー」をクリニックで実践中。人と自然中心のホリスティックな統合医療を日本の医療現場に広げていくことをライフワークとしている。関西医科大学、神戸市看護大学などの非常勤講師として、統合医療／ホリスティック医療の講義やアロマセラピーや瞑想などの実習を行っている。

* * *

六浦裕美（むつうらひろみ）

上智大学文学部卒業。教師をしていたとき、学校カウンセリングと出会う。六浦基の"こころの旅のグループワーク"への参加が転機となり、「カウンセリングができる医者になる」ことを志す。奈良県立医科大学卒業。関西医科大学心療内科学講座所属。心療内科専門医。医学博士。ホリスティック医療・統合医療、セラピスト・ナース・ビジネスマンなどの健康教育やコミュニケーションスキルの向上、カウンセラーの育成などにかかわる。2009 年よりヒューマン・センター主宰。大和高田市立看護専門学校非常勤講師。京都福祉サービス協会ヘルパー養成講座講師。京都外国語大学心身医学校医など。

実践ワークブック　新しい認知行動療法
——健康に生きるための18の秘訣——

2010 年 10 月 30 日　第 1 版第 1 刷発行〈検印省略〉

著者代表	エリック・ペパー　Erik Peper
監　修	竹林直紀　Takebayashi Naoki
訳　者	六浦裕美　Mutsuura Hiromi
発行者	市井輝和
発行所	株式会社金芳堂
	〒 606-8425 京都市左京区鹿ヶ谷西寺ノ前町34番地
	振替　01030-1-15605
	電話　075-751-1111（代）
	http://www.kinpodo-pub.co.jp
組　版	デジテックジャパン株式会社
印　刷	共同印刷株式会社
製　本	有限会社清水製本所

© エリック・ペパー，竹林直紀，六浦裕美，金芳堂，2010
落丁・乱丁本は直接小社へお送りください．お取替え致します．

Printed in Japan
ISBN978-4-7653-1452-7

|JCOPY|＜(社)出版者著作権管理機構 委託出版物＞

本書の無断複写は著作権法上での例外を除き禁じられています．複写される場合は，その都度事前に，(社)出版者著作権管理機構（電話 03-3513-6969，FAX 03-3513-6979，e-mail: info@jcopy.or.jp）の許諾を得てください．

好評発売中!!
補完・代替医療シリーズ

補完・代替医療の健全な展開、正しい知識と理解を深める貴重な水先案内の書として多くの医師、医療・保健・介護・福祉にたずさわる人たち、研究者にお薦めする!!

補完・代替医療 **メディカル・アロマセラピー** 改訂2版 著 今西二郎　定価 2,730円	補完・代替医療 **プロバイオティクス** 著 辨野義己　定価 1,890円
補完・代替医療 **アーユルヴェーダとヨーガ** 改訂2版 著 上馬塲和夫　定価 3,045円	補完・代替医療 **園芸療法** 著 田崎史江　定価 1,890円
補完・代替医療 **音楽療法** 改訂2版 著 高橋多喜子　定価 1,995円	補完・代替医療 **気功・太極拳** 著 班目健夫　定価 2,100円
補完・代替医療 **ハーブ療法** 著 橋口玲子　定価 1,470円	補完・代替医療 **鍼　灸** 著 篠原昭二　定価 2,730円
補完・代替医療 **温泉療法** 著 久保田一雄　定価 1,680円	補完・代替医療 **漢　方** 著 三谷和男　定価 1,890円
補完・代替医療 **カイロプラクティック** 監 菊地臣一　定価 1,890円	補完・代替医療 **ホメオパシー** 著 帯津良一　定価 1,890円
補完・代替医療 **芸術療法** 著 星野良一　定価 1,890円	補完・代替医療 **アニマルセラピー** 著 田丸政男・戸塚裕久　定価 1,890円
補完・代替医療 **栄養補助食品** 著 糸川嘉則　定価 2,520円	補完・代替医療 **統合医療** 著 今西二郎　定価 1,890円

金芳堂 刊

◆小型簡易温度計引き換え券について

小型簡易温度計（p.85参照）ご希望の方は、カバー袖の『小型簡易温度計引き換え券』を官製ハガキに貼付のうえ、お名前、ご住所、電話番号を明記して下記あてにお送り下さい。

【送り先】　〒570-0075
　　　　　大阪府守口市紅屋町 7-10　フレール中野 502 号
　　　　　アイ・プロジェクト統合医療研究所
　　　　　http://www.i-hi-med.com/
　　　　　E-mail: natural@i-hi-med.com